Stendel

Sigrid Früh

Der Mond

Märchen, Brauchtum, Aberglaube

Satz, Lektorat, Konzeption: Verlag Stendel
Druck: Windhueter, Schorndorf
Bindung: Nething, Weilheim
1. Auflage März 1999
ISBN 3-926789-29-8

Kein Gestirn übt soviel Faszination aus wie der Mond. Ist er doch der Himmelskörper, welcher sich unablässig verändert. Auffällig ist er wegen seiner Größe neben allen anderen die Nacht erhellenden Gestirnen, aber auch wegen der wechselnden Farbe seines Lichtes zu den verschiedenen Stunden der hellen Mondnächte.

Täglich zwingt der Mondeinfluß die Wasser der Erde zu Ebbe und Flut. Daß Springfluten bei Vollmond entstehen, war den Menschen in der Nähe des Meeres durchaus bewußt, ebenso, daß nach Vollmondnächten häufig Tau die Wiesen bedeckt oder der weibliche Zyklus dem Mondumlauf entspricht.

So liegt die Vermutung nahe, daß Veränderungen im Bereich des Irdischen mit dem Wandel des Mondes ursächlich verbunden, wenn nicht sogar davon abhängig sind.

Aus der Überlegung, welchen Eindruck der Phasenwechsel auf das menschliche Gemüt gemacht haben muß, ergibt sich die Möglichkeit zu begreifen, daß Neumondnächte eine andere Wirkung hinsichtlich des irdischen Lebens haben müssen als Vollmondnächte. Diese Anschauung verdichtete sich wahrscheinlich von dem Augenblick an, in dem man es unternahm, nach den Mondphasen einen Kalender zu bilden; und als die Erfahrung des zunehmenden und abnehmenden Mondes sich immer stärker mit dem Bewußtsein des beginnenden und endenden Monats zu identifizieren begann, flossen in dem Zeiterlebnis die Begriffe Anfangen und Aufhören zusammen mit denen des Werdens und Vergehens in der Natur.

Der wissenschaftliche Umgang mit dem Mond ist uralt. Schon vor 3.000 Jahren konnte in Babylon jede Mondfinsternis berechnet werden.

Einhundertfünfzig Jahre vor Christus war es griechischen Gelehrten möglich, die Entfernung zum Mond mit etwa 400.000 km, ziemlich genau zu errechnen. Und auch Mondreisen, allerdings auf Adlerflügeln, schienen im antiken Griechenland durchaus möglich.

Das vielleicht Wunderbarste an der Erscheinung des Mondes ist wohl der gespensterhafte Schein, der bei Vollmond und den diesem vorausliegenden und nachfolgenden Nächten die dunkle Erde übergießt und Berge und Bäume, Menschen und Tiere gespenstische Schatten werfen läßt. Das Halbklare, Unscharfe erweckt den Eindruck des Fremdartigen, Nichtmenschlichen, Geheimnisvollen.

Nacht und Mond sind allezeit mit dem Gefühl für das Besondere, Verborgene, Geheime verbunden worden.

Daß die Tiere vom Mond beeinflußt werden, davon können viele Katzen- und Hundefreunde erzählen. Doch auch auf den Menschen wirken die Mondkräfte; von unruhigem Schlaf bei Vollmond, über schwere Träume bei Neumond, bis zur Mondsüchtigkeit.

Mit Beginn des Christentums wurden die alten Mondgötter und Mondgöttinnen verdrängt. Die Erde wurde in den Mittelpunkt der Schöpfung gestellt, und so gerieten die Mondlegenden, die zur ältesten Geistesgeschichte der Menschen gehören, in Vergessenheit.

Doch noch heute zeigt der Mond jedem Menschen eindrücklich das Mysterium von Stirb und Werde.

Die Geliebten des Mondes

Der Mond hüllt seit Zeiten, die schon fast vergessen sind, alle Liebenden in sein wandelbares Licht und bewahrt ihnen so den schimmernden Schatz ihrer Geheimnisse, die sie miteinander teilen.

In der Zeit vor aller Zeit wanderte der Mond auf seinem Weg durch alle Himmel hierhin und dorthin, ganz wie es ihm gefiel und in den Sinn kam. Er war jung, voller Tatendrang und großer Begierde, Neues zu entdecken und Fremdes zu erforschen.

Eines Tages nun kam er auf seinem Weg zur Erde, die ihm so sehr gefiel, daß er in heftiger Leidenschaft und Lust entflammte und sich mit ihr vereinte. Da schürzte die Erde das Wellenkleid der Meere und bereitete dem Mond ein Bett auf ihren Äckern, Feldern, Wiesen und Wäldern.

So hätte es weitergehen können, und niemals wäre auf der Erde Leben entstanden, denn es hätte keine Zeit gehabt zu reifen. Wie auch soll die Frucht keimen können, wenn der Landwirt das Feld jeden Tag pflügt.

Doch nach einiger Zeit spürte der Mond wie er schwächer wurde und immer ausgezehrter von dem großen Verlangen der Erde. Sein schimmerndes Strahlen verblaßte zusehends, und er konnte kaum noch hoch am Himmel stehen, sondern krebste hohlbäuchig dicht über dem Horizont, so schwach war er geworden.

Da sprach er zur Erde: „Mein Licht verblaßt, und ich werde dünner als die Sichel des Himmelsschnitters. Ich muß zurück zu den Sternen und Nahrung für mein Licht finden, bevor ich ganz erlösche."

Da die Erde klug war, willigte sie ein, nahm aber dem schon sehr geschwächten Mond das Versprechen ab, wieder zu ihr zurückzukehren.

Das versprach der scheidende Mond gerne, denn er liebte ja die bunte Erde in ihrer Vielfalt und ging nicht gerne von ihr weg. Allein, er fühlte sich so elend und ausgezehrt, und in seinem Licht war kaum noch ein Funke der Glut auszumachen, die es bedarf, um das Feuer des Mondes zu entzünden.

Als der Mond aber in die Himmel davoneilte, begann er erbärmlich zu frieren, denn da er sein eigenes Licht verbraucht hatte, gab es nichts, an dem er sich wärmen konnte, und es war finsterer denn unter einem Bärenfell. Endlich sah er in der Ferne ein strahlendes Licht, das immer heller und wärmer wurde, je näher er ihm kam. Es war das Haus der Sonne, dem der Mond sich frierend näherte.

Er klopfte und wurde willkommen geheißen. Auf der Stelle verliebte sich der Mond in die Sonne und ihren strahlenden Glanz. Mitleidig, aber freundlich sprach diese zu ihm:

„Komm in mein Haus, wärme dich und deine Seele. Ich will dich bewirten."

So blieb der Mond bei der Sonne, aß und trank was sie ihm aus ihrem gleißenden Licht zubereitete und darbot. Und das war köstlich.

„Hier will ich bleiben! Mein Licht wächst und mir ist warm", dachte der Mond bei sich.

Fast hätte er die Erde vergessen, als er sich von Tag zu Tag zufriedener betrachtete. Zufrieden, wie er wieder rund und voll wurde, und alle Kräfte in ihn zurückkehrten.

Doch an einem Abend, als er satt seinen wieder anschwellenden Bauch befühlte und dabei durch die Himmel sah, erblickte er das Haus der Erde hinter all der finsteren, unwirtlichen Leere. Eine tiefe Sehnsucht erfaßte den Mond, als er die blauen Meerröcke blinken sah, die sein Herannahen sicher herbeisehnten, um endlich wieder einmal vor Lust schäumen zu können. Er sah die fruchtbaren Felder und Wälder, die ihn lockten, Täler und die Berge, die wieder in seinem nächtlichen Schein baden wollten.

Da sprach er zur Sonne: „Wenn ich noch länger in deinem Haus wohne, und mich dein Licht nährt und wärmt, werden mir meine Lebenskleider nicht mehr passen und platzen. Ich werde ein wenig auf Wanderschaft zur Erde gehen. Aber ich verspreche, schon nach kurzer Zeit werde ich zu dir zurückkehren."

Die Sonne gewährte ihm seinen Wunsch, denn sie war sehr klug. Außerdem hatte sie den Mond lieb gewonnen, und insgeheim sagte sie sich, daß er wohl recht habe mit seinem Ansinnen.

So wanderte der Mond prall und rund durch die kalte Leere, die er nun mit seinem neugefundenen Licht weit erhellen konnte, wieder zurück zur Erde, deren Meere zu wogen begannen, als die Nächte sein Nahen ankündeten.

Damit aber Erde und Sonne in Zukunft niemals unnötig auf die Rückkehr des Mondes zu warten hätten und sich nicht in nutzloser Erwartung verzehren mußten, stellten sie einen Plan auf, der Rückkehr und Ankunft des Mondes auf Erde und Sonne regelte. Denn die beiden verstanden sich gut und mochten sich gerne. Als auch der Mond damit einverstanden war, wurde es besiegelt. Seither wandert er zwischen Erde und Sonne.

Nur in Zeiten von Sonnen- und Mondfinsternis sind sich Mond und Sonne einmal gram und zürnen miteinander. Doch die Schattentücher, die dann über ihren Häusern liegen, werden vom Mond auf seinem Lauf wieder fortgenommen.

Und so bleibt es - solange der Mond die Erde besucht, um das neue Leben in ihr zu wecken, und dann wieder zur Sonne kann, um sein Licht zu nähren.

Der Mond
und seine Mutter

Der Mond sprach einmal zu seiner Mutter, sie möchte ihm doch ein warmes Kleid machen, weil die Nächte so kalt wären. Sie nahm ihm das Maß, und er lief davon.

Wie er aber nach einer kleinen Weile wiederkam, da war er so groß geworden, daß das Röcklein nirgends mehr passen wollte.

Die Mutter fing daher an, die Nähte zu trennen, um es auszulassen, allein da dies dem Mond zu lange dauerte, ging er wieder seines Weges.

Die Mutter nähte emsig am Kleid und saß manche Nacht auf beim Sternenschein.

Als nun der Mond zurückkam und viel gelaufen war, da hatte er sehr abgenommen, war dünn und bleich geworden, daher war ihm das Kleid viel zu weit, und die Ärmel schlotterten bis an die Knie.

Da wurde die Mutter sehr verdrossen, daß er ihr solche Possen spiele, und verbot ihm, je wieder in ihr Haus zu kommen.

Deswegen muß nun der arme Schelm nackt und bloß am Himmel laufen, bis jemand kommt, der ihm ein Röcklein kauft.

Wie die Teufel
den Mond schwärzten

Altvater hatte schon die ganze Welt erschaffen, aber noch war sein Werk nicht vollkommen, denn noch mangelte es der Welt an reichlichem Licht. Des Tages wandelte die Sonne ihre Bahn am himmlischen Zelt, aber wenn sie abends unterging, so bedeckte tiefe Finsternis Himmel und Erde. Alles was geschah, verbarg die Nacht in ihrem Schoß.

Bald sah der Schöpfer den Mangel und gedachte dem abzuhelfen. So gebot er denn dem himmlischen Schmied, dafür Sorge zu tragen, daß es fortan auch in den Nächten auf Erden hell sei.

Dieser gehorchte dem Befehl, trat zu seiner Esse, wo er vordem schon das Himmelsgewölbe geschmiedet hatte, nahm viel Silber und goß daraus eine gewaltige runde Kugel. Die überzog er mit dickem Gold, setzte ein helles Feuer hinein und ließ sie nun ihren Wandel beginnen am Himmelszelt. Darauf schmiedete er unzählige Sterne, gab ihnen mit leichtem Gold ein Ansehen und stellte jeden an seinen Platz im Himmelsraum.

Da begann neues Leben auf der Erde. Kaum sank die Sonne, da stieg auch schon am Himmelsrand der goldene Mond auf, zog seine blaue Straße und erleuchtete das nächtliche Dunkel nicht anders als die Sonne den Tag. Dazu blinkten neben ihm die unzähligen Sterne und begleiteten ihn wie einen König, bis er endlich am anderen Ende des Himmels anlangte. Dann gingen die Sterne zur Ruhe, der Mond verließ das Himmelsgewölbe, und die Sonne trat an seine Stelle, um dem Weltall Licht zu spenden.

So leuchtete nun Tag und Nacht ein gleichmäßiges Licht auf die Erde nieder. Denn des Mondes Angesicht war ebenso rein und klar wie der Sonne Antlitz, nur gleicher Wärme ermangelten seine Strahlen. Am Tag aber brannte die Sonne oftmals so heiß, daß niemand eine Arbeit verrichten mochte. Umso lieber schafften sie dann unter dem Schein des nächtlichen Himmelswächters, und alle Menschen waren von Herzen froh über das Geschenk des Mondes.

Den Teufel aber ärgerte der Mond gar sehr, denn in seinem hellen Lichte konnte er nichts Böses mehr ver- üben. Zog er einmal auf Beute aus, so erkannte man ihn schon von fern und trieb ihn mit Schande heim.

So kam es, daß er sich in dieser Zeit nicht mehr als zwei Seelen erbeutet hatte. Da saß er nun Tag und Nacht und sann, wie er's wohl bewerkstelligen sollte, damit es ihm wieder glücke. Endlich rief er zwei Gesellen herbei, aber die wußten auch keinen Ausweg. So ratschlagten sie denn zu dritt voll Eifer und Sorge, es wollte ihnen aber nichts einfallen. Am siebenten Tag hatten sie keinen Bissen mehr zu essen, saßen seufzend da, drückten den leeren Magen und zerbrachen sich die Köpfe mit Nachdenken.

Und siehe, endlich kam dem Bösen selbst ein glücklicher Einfall. „Wir müssen den Mond wieder fortschaffen, wenn wir uns retten wollen. Gibt es keinen Mond mehr am Himmel, so sind wir wieder wie zuvor. Beim matten Sternenlicht können wir ja unbesorgt unsere Werke betreiben."

„Sollen wir denn den Mond vom Himmel herunterholen?" fragten ihn die Knechte.

„Nein", sprach der Teufel, „der sitzt zu fest daran. Herunter bekommen wir ihn nicht! Wir müssen es besser machen. Und das Beste ist, wir nehmen Teer und schmieren ihn damit, bis er schwarz wird. Dann mag er weiter am Himmel laufen, das wird uns nicht verdrießen."

Dem Höllenvolke gefiel der Rat des Alten gut, und alle wollten sich sogleich ans Werk machen.

Es war aber zu spät geworden, denn der Mond neigte sich schon zum Niedergang, und die Sonne erhob ihr Angesicht.

Am nächsten Tag aber gingen sie mit Eifer an ihre Arbeit bis zum späten Abend. Der Böse war ausgezogen, und hatte eine Tonne Teer gestohlen, die trug er nun in den Wald zu seinen Knechten. Indes waren diese geschäftig, aus sieben Stücken eine lange Leiter zusammenzubinden, und ein jedes Stück maß sieben Klafter. Darauf brachten sie einen Eimer herbei und banden aus Lindenbast einen Schmierwisch zusammen, den sie an einen langen Stiel steckten.

So erwarteten sie die Nacht.

Als nun der Mond aufstieg, warf sich der Böse die Leiter samt der Tonne auf die Schulter und hieß die beiden Knechte mit Eimer und Wisch zu folgen. Als sie angekommen waren, füllten sie den Eimer mit Teer, schütteten Asche hinzu und tauchten dann den Schmierwisch hinein. Im selben Augenblick lugte schon der Mond hinter dem Wald hervor. Hastig richteten sie die Leiter auf. Der Alte gab einem Knecht den Eimer in die Hand und hieß ihn hurtig hinaufsteigen, indes der andere mit ihm die Leiter stützen sollte.

Sie vermochten aber der schweren Last nicht zu widerstehen, so daß die Leiter zu wanken begann. Da fing auch derjenige, der nach oben gestiegen war, an zu wanken, rutschte auf einer Sprosse aus und stürzte mit dem Teereimer auf den Teufel.

Der Böse prustete, schüttelte sich wie ein Bär und fing an, schrecklich zu fluchen. Dabei gab er auf die Leiter nicht mehr acht und ließ sie los, so daß sie mit Donner und Gekrach zu Boden fiel und in tausend Stücke schlug.

Als ihm sein Werk nun so übel geraten, und er selbst statt des Mondes vom Teer begossen ward, da tobte der Teufel in seinem Zorn und Grimm. Wohl wusch und scheuerte, kratzte und schabte er seinen Leib, aber Teer und Ruß blieben an ihm haften, und ihre schwarze Farbe trägt er noch bis auf den heutigen Tag.

So kläglich dem Teufel sein Versuch auch fehlgeschlagen war, wollte er von seinem Vorhaben doch nicht ablassen. Darum stahl er anderntags wiederum sieben Leiterbäume, band sie gehörig zusammen und schaffte sie an den Waldsaum, wo der Mond am tiefsten steht.

Als es Abend war, schlug der Böse die Leiter fest in den Grund, stützte sie noch mit beiden Händen und schickte den anderen Knecht mit dem Teereimer hinauf. Er gebot ihm aber streng, sich fest an die Sprossen zu hängen und sich vor dem gestrigen Fehltritt zu hüten. Der Knecht kletterte so schnell er konnte mit dem Eimer hinauf und gelangte glücklich auf die letzte Sprosse. Eben stieg der Mond in königlicher Pracht hinter dem Wald auf. Da hob der Teufel die ganze Leiter und trug sie eilig bis hin an den Mond. Und welch ein Glück! Sie war wirklich gerade so lang, daß sie mit der Spitze an den Mond reichte.

Nun machte sich des Teufels Knecht ohne Säumen ans Werk. Es ist aber nichts Leichtes, oben auf einer solchen Leiter zu stehen und dem Mond mit dem Teerwisch ins Gesicht fahren zu wollen. Zudem stand auch der Mond nicht still auf einem Fleck, sondern wanderte ohne Unterlaß seines Weges. Darum band sich der Mann da oben mit einem Seil fest, und da er nun vor dem Fallen geschützt war, ergriff er den Wisch aus dem Eimer und begann den Mond zuerst von der hinteren Seite zu schwärzen. Aber die dicke Goldschicht auf dem Mond wollte keinen Teer annehmen. Der Knecht strich und schmierte, daß ihm der Schweiß von der Stirn troff, bis es ihm nach vieler Mühe doch gelang, des Mondes Rücken mit Teer zu überziehen.

Der Teufel unten schaute mit offenem Mund der Arbeit zu, und als er das Werk zur Hälfte vollendet sah, sprang er vor Freude von einem Fuß auf den anderen.

Als er so den Rücken des Mondes geschwärzt hatte, schob sich der Knecht mühsam nach vorn, um auch hier den Glanz des Himmelswächters zu vertilgen. Da stand er nun, verschnaufte ein wenig und dachte nach, wie er es anfinge, um mit der anderen Seite leichter fertig zu werden. Es fiel ihm aber nichts Gescheites ein, und er mußte es machen wie zuvor.

Schon wollte er sein Werk wieder beginnen, als gerade Altvater aus kurzem Schlummer erwachte. Verwundert nahm er wahr, daß die Welt um die Hälfte dunkler geworden, obgleich kein Wölkchen am Himmel stand. Wie er aber schärfer nach er Ursache der Finsternis schaute, erblickte er den Mann auf dem Mond, der eben einen Wisch in den Teertopf tauchte, und unten sprang der Teufel vor Freude wie ein Ziegenbock hin und her.

„Solche Streiche macht ihr also hinter meinem Rücken!" rief Altvater zornig aus. „So mögen denn die Übeltäter den verdienten Lohn empfangen! Auf dem Mond bist du und sollst du ewig mit deinem Eimer bleiben, allen zur Warnung, die der Welt das Licht rauben wollen."

Altvaters Worte gingen in Erfüllung. Noch heute steht der Mann mit dem Teereimer im Monde, der deswegen nicht mehr so hell leuchten will wie sonst. Oft wohl steigt der Mond hinab in den Schoß des Meeres und möchte sich reinbaden von seinen Flecken, aber sie bleiben ewig an ihm haften.

Wie der Mond
an den Himmel kam

Vor Zeiten gab es ein Land, wo die Nacht immer dunkel und der Himmel wie ein schwarzes Tuch darüber gebreitet war, denn es ging dort niemals der Mond auf, und kein Stern blinkte in der Finsternis. Bei der Erschaffung der Welt hatte das nächtliche Licht ausgereicht.

Aus diesem Land gingen einmal vier Burschen auf die Wanderschaft und gelangten in ein anderes Reich, wo abends, wenn die Sonne hinter den Bergen verschwunden war, auf einem Eichbaum eine goldene Kugel stand, die weit und breit ein sanftes Licht ausgoß. Man konnte dabei alles wohl sehen und unterscheiden, wenn es auch nicht so glänzend wie die Sonne war.

Die Wanderer standen still und fragten einen Bauer, der mit seinem Wagen vorbeifuhr, was das für ein Licht sei.

„Das ist der Mond", antwortete dieser. „Unser Schultheiß hat ihn für drei Taler gekauft und an dem Eichbaum befestigt. Er muß täglich Öl aufgießen und ihn rein halten, damit er immer hell brennt. Dafür erhält er von uns wöchentlich einen Taler."

Als der Bauer weggefahren war, sagte der eine von ihnen: „Diese Lampe könnten wir brauchen, wir haben daheim einen Eichbaum, der ebenso groß ist, daran könnten wir sie hängen. Was für eine Freude, wenn wir nachts nicht in der Finsternis herumtappen!"

„Wißt ihr was?" sprach der zweite. „Wir wollen Wagen und Pferde holen und den Mond wegführen. Sie können sich hier einen anderen kaufen."

„Ich kann gut klettern", sprach der dritte. „Ich will ihn schon herunterholen."

Der vierte brachte einen Wagen mit Pferden herbei, und der dritte stieg auf den Baum hinauf, bohrte ein Loch in den Mond, zog ein Seil hindurch und ließ ihn herab. Als die glänzende Kugel auf dem Wagen lag, deckten sie ein Tuch darüber, damit niemand den Raub bemerken konnte. Sie brachten ihn glücklich in ihr Land und stellten ihn auf eine hohe Eiche. Alte und Junge freuten sich, als die neue Lampe ihr Licht über alle Felder leuchten ließ und Stuben und Kammern damit erfüllte. Die Zwerge kamen aus den Felsenhöhlen hervor, und die kleinen Wichtelmänner tanzten in ihren roten Röckchen auf den Wiesen den Ringeltanz.

Die vier versorgten den Mond mit Öl, putzten den Docht und erhielten wöchentlich ihren Taler. Aber sie wurden alte Greise, und als der eine erkrankte und seinen Tod voraussah, verordnete er, daß ihm der vierte Teil des Mondes mit in das Grab gegeben werden solle. Als er gestorben war, stieg der Schultheiß auf den Baum und schnitt mit der Heckenschere ein Viertel ab, das in den Sarg gelegt ward. Das Licht des Mondes nahm ab, aber noch war dies kaum zu merken.

Als der zweite starb, ward ihm das zweite Viertel mitgegeben, und das Licht minderte sich. Noch schwächer wurde es nach dem Tod des dritten, der gleichfalls seinen Teil mitnahm, und als der vierte ins Grab getragen wurde, trat die alte Finsternis wieder ein. Wenn die Leute abends ohne Laterne ausgingen, stießen sie mit den Köpfen zusammen.

Als aber die Teile des Mondes in der Unterwelt sich wieder vereinigten, so wurden dort, wo immer Dunkelheit geherrscht hatte, die Toten unruhig und erwachten aus ihrem Schlaf. Sie staunten, als sie wieder sehen konnten. Das Mondlicht war ihnen genug, denn ihre Augen waren so schwach geworden, daß sie den Glanz der Sonne nicht ertragen hätten. Sie erhoben sich, wurden lustig und nahmen ihre alte Lebensweise wieder an. Ein Teil ging zum Spiel und Tanz, andere liefen in die Wirtshäuser, wo sie Wein forderten, sich betranken, tobten und zankten und endlich ihre Knüppel aufhoben und sich prügelten. Der Lärm ward immer ärger und drang endlich in den Himmel hinauf.

Der heilige Petrus, der das Himmelstor bewachte, glaubte, die Unterwelt sei in Aufruhr geraten, und rief die himmlischen Heerscharen zusammen, die den bösen Feind, wenn er mit seinen Gesellen den Aufenthalt der Seligen stürmen will, zurückjagen sollen. Da diese aber nicht kamen, setzte er sich auf sein Pferd und ritt durch das Himmelstor hinab in die Unterwelt.

Dort brachte er die Toten zur Ruhe, hieß sie sich in ihre Gräber legen und nahm den Mond mit fort, den er dann oben am Himmel aufhing.

Der Königssohn
und die Mondprinzessin

Es war einmal ein Königssohn; im südlichen Alpengebiet lag seines Vaters Reich. Da gab es grüne Weiden, schattige Wälder und steile Berge mit schwarzen Felsen. Die Einwohner lebten als Jäger und Hirten und priesen ihre Heimat und schätzten sich glücklich.

Nur einer war mit sich und der Welt nicht zufrieden - der Königssohn. Es quälte ihn nämlich ein Wunsch, den ihm niemand erfüllen konnte: Er wollte den Mond besuchen. Alle weisen Leute im ganzen Land hatte er schon gefragt, was er machen solle, um auf den Mond zu gelangen. Aber niemand wußte Rat. Darüber war der Königssohn mißmutig und traurig. Vergeblich versuchten ihn seine Gefährten zu zerstreuen und auf andere Gedanken zu bringen. Doch er sprach und träumte immer nur vom Mond. In der Vollmondzeit wurde er stets ganz trübsinnig; er wandelte vom Abend bis zum Morgen ruhelos auf den Felsen und Wiesen umher und starrte ständig zum Mond empor. Die erfahrensten Ärzte kamen an den Hof, doch vermochte keiner die seltsame Krankheit des Prinzen zu heilen, und sie nahm an Heftigkeit immer mehr zu.

Eines Tages hatte sich der Prinz auf der Jagd von seinen Begleitern getrennt und im Walde verirrt. Als es Abend wurde und die Sonne unterging, befand er sich in einem einsamen, mit blühenden Alpenrosen bewachsenen Hochtal, das auf drei Seiten von schroffen Graten und gewaltigen Felstürmen umsäumt war. Hier beschloß der Königssohn die Nacht zu verbringen, denn er konnte nicht mehr hoffen, an diesem Tage seine Jagdgefährten wieder anzutreffen. Er legte sich also auf das Gras zwischen die Alpenrosenbüsche, schlief bald ein und hatte einen merkwürdigen Traum: Er stand auf einer mit seltsamen Blüten übersäten Wiese und sprach mit einem wunderschönen fremden Mädchen, das er nicht kannte und nie gesehen hatte. Ringsum war alles weiß, so weit der Prinz schauen konnte; er aber hielt einige rote Alpenrosen in der Hand und schenkte sie der schönen Fremden. Sie nahm die Blumen lächelnd und erzählte, daß sie die Tochter des Mondkönigs sei. Bei diesen Worten fühlte der Königssohn eine unbeschreibliche Freude und erwachte.

Mitternacht mußte schon vorbei sein. Der Mond stand hoch, und sein silbernes Licht flutete um die zackigen Felsen des einsamen Hochtales. Der Prinz blickte empor, und seine Freude verwandelte sich in große Trauer. Eine tiefe Sehnsucht erfaßte ihn, und in Gedanken verloren, begann er die schönsten Alpenrosen zu pflücken.

Auf einmal schien ihm, als höre er oben auf dem Berggipfel jemanden sprechen. Er lauschte, aber es herrschte lautlose Stille, nur in der Ferne rauschte ein Wasserfall. Der Prinz pflückte wieder Blumen, und abermals vernahm er Worte, und diesmal ganz deutlich. Sie kamen von dem höchsten Felsturm herab, dessen Spitze in eine dichte, weiße Wolke gehüllt war.

Dort oben müssen Bergunholde hausen, dachte der Königssohn und umfaßte den Knauf seines Schwertes. Er kletterte empor und in die Wolke hinein. Eine Tür ging auf und der Prinz stand in einem hell erleuchteten, kleinen Raum, in dem zwei meeralte Männer saßen. Diese fuhren erschreckt hoch. Er jedoch beruhigte sie, indem er sich entschuldigte und sagte, er sei ein Jäger, der sich in der Bergwildnis verirrt habe. Der Prinz fragte die beiden, ob sie Bergesalte seien. Allein die Alten erwiderten, sie seien Mondbewohner, hätten eine große Reise im Weltraum gemacht und gedächten soeben, in ihre Heimat zurückzukehren.

Als der Königssohn das hörte, wurde er ganz blaß vor Erregung und erzählte den beiden, daß er schon seit Jahren den brennenden Wunsch hege, eine Mondreise zu machen. Die Alten lachten und meinten, wenn er bei ihnen bleiben wolle, hätten sie nichts dagegen, die Reise könne sofort beginnen. Da war nun der Prinz über alle Maßen froh und dankte den guten Alten in den überschwenglichsten Worten.

Inzwischen hatte sich die Wolke von den Felszinnen gelöst und begann mit rasch wachsender Geschwindigkeit zum Mond emporzuschweben. Während der langen Reise erzählte der Prinz den zwei Alten allerlei aus dem Reich seines Vaters, und sie hinwieder teilten ihm mit, wie es auf dem Mond aussehe und wie man dort lebe. Endlich ließ sich die Wolke auf einem Mondberg nieder und stand still.

Die zwei Alten bedeuteten dem Prinzen, daß sie sich westwärts wenden müßten, und rieten ihm, nach Osten zu wandern, dann werde er bald die Hauptstadt erreichen. Der Prinz nahm also Abschied und ging in östliche Richtung bergab. Das Land ringsum war weiß, dazu trugen vor allem die kleinen weißen Blumen bei, welche in unabsehbarer Menge die Mondoberfläche bedeckten. Aber auch der Boden zeigte sich weiß, und selbst die sonnendurchglühten Felswände der Berge waren von mattglänzender heller Farbe.

Es dauerte nicht lange, da erblickte der Königssohn die Häuser und die Turmspitzen der Hauptstadt. Alle diese Gebäude bestanden vom Boden bis zu den Zinnen aus weißem Marmor.

Der Prinz eilte dieser weißen Pracht entgegen, bis er von einem Zaun aufgehalten wurde, hinter dem ein Gärtner arbeitete. Als dieser den Fremden bemerkte, grüßte er und erkundigte sich verwundert nach der Herkunft der roten Blüten, welche der Prinz noch immer in der Hand hielt.

Der Prinz erklärte, er komme von der Erde, und die roten Blüten seien dort gewachsen. Da begleitete der Gärtner den Prinzen ins Schloß. In einem großen lichtdurchfluteten

Saale wurde der Prinz von dem Mondkönig und dessen Tochter empfangen und auf das freundlichste willkommen geheißen. Der Mondkönig war ein sehr alter Mann mit langem, silberhellem Barte; in der Prinzessin aber erkannte der Königssohn jenes wunderschöne Mädchen wieder, welches er nachts im Traume erblickt hatte. Sie nahm die Alpenrosen dankend entgegen, pries die herrliche Farbe und fragte den Prinzen, ob es in seiner Heimat viele solche Blumen gebe, was für Leute dort wohnen und wie groß das Reich seines Vaters sei.

Der Prinz wohnte nun im Königsschloß, machte weite Wanderungen in die Umgebung und lernte die Mondlandschaft, zu der er oft so sehnsuchtsvoll emporgeschaut hatte, genau kennen. Nach einigen Wochen fragte der Mondkönig seinen Gast, wie es diesem auf dem Mond gefiele. Der Prinz erwiderte, die weißleuchtende Mondlandschaft sei die schönste, welche er je gesehen habe, aber ihr ungewohnter Glanz greife seine Augen an, und er fürchte zu erblinden, wenn er nicht bald wieder in seine Heimat zurückkehre. Da warf die Prinzessin ein, sie könne die Befürchtung des Erdenprinzen nicht teilen, denn mit der Zeit werde er sich wohl an den Glanz der Mondlandschaft gewöhnen. Aber ein alter Hofgelehrter erlaubte sich's, der Prinzessin zu widersprechen, indem er bemerkte, es sei für einen Erdenbewohner wirklich nicht ratsam, allzu lange auf dem Monde zu verweilen. Und so reiste der Prinz eines Tages wieder zurück zur Erde.

Als die Kunde durch das Land eilte, der Prinz sei wieder zurückgekehrt und habe die Tochter des Mondkönigs als Gemahlin heimgeführt, freuten sich die Leute und zogen in hellen Scharen zum Königsschloß, um die Prinzessin zu Gesicht zu bekommen, denn sie konnten sich nicht vorstellen, wie so eine Mondbewohnerin aussehen möge. Sie unterschied sich aber nur dadurch von den irdischen Frauen, daß ein lichter Glanz von ihr auszugehen schien, und daß auf der Wiese jeder Baumschatten verschwand, sobald sie ihn betrat. Sehr erstaunt waren die Leute über die weiße Blume, die überall auf dem Mond wächst und welche die Prinzessin mitgebracht hatte. Diese Blume verbreitete sich im Lauf der Zeit über die ganzen Alpen, und noch heute grüßen ihre hellen Sterne von den Felswänden der Hochgipfel; man gab dieser Blume den Namen Edelweiß.

Die Prinzessin hingegen äußerte sich entzückt über die farbenreichen Wiesen und Weidegefilde der Alpen und wurde nicht müde, die bunten Blumenkelche und das grüne Gras zu bewundern. Gefallen fand sie auch an den blauen Bergseen, und immer wieder pries sie die Mannigfaltigkeit der Erdoberfläche im Vergleich zu der einförmigen Mondlandschaft, wo alles weiß in weiß spiele. Den Prinzen überkam eine stolze Befriedigung als er sah, daß sich die Mondtochter in seinem Heimatland so wohl fühlte, und es machte ihm besonders Vergnügen, sie in allen Tälern des Reiches herumzuführen und die verschiedenen Besonderheiten und Schönheiten der Gegend zu zeigen. Die beiden waren dabei froh und meinten, daß es auch so bleiben würde.

Als aber der Königssohn eines abends spät von der Jagd heimkehrte, da gewahrte er seine Gemahlin, wie sie auf dem Söller stand und traumverloren zur Mondsichel emporblickte. Er fragte, warum sie so gedankenverloren den Mond betrachte. Sie lächelte verlegen und gestand, daß sie seit einiger Zeit eine tiefe Sehnsucht nach den weißen Mondgefilden empfinde. Die Wiesen und Talgründe der Alpen seien zwar sehr schön, aber das Gewirre von finsteren Berggipfeln, die sich gleich den schwarzen Fäusten riesenhafter Unholde drohend gegen den Himmel reckten, laste ihr wie ein schwerer Kummer auf der Seele.

Der Prinz erschrak, als er diese Klage hörte, denn augenblicklich mußte er daran denken, daß der Hofgelehrte des Mondkönigs die Prinzessin gewarnt hatte, auf die Erde zu reisen. Ein Mondbewohner werde auf der Erde die weiße Pracht seiner Heimat vermissen, und von Lichtsehnsucht ergriffen dahinsterben, hatte er gesagt. Bald schon wurde der Zustand der Prinzessin bedenklich, so daß man um ihr Leben fürchten mußte.

Als der Mondkönig dies erfuhr, verließ er den Mond, begab sich auf die Erde und erklärte, er lasse seine Tochter nicht sterben und werde sie deshalb auf den Mond zurückführen, wenn der Prinz mitkommen wolle, sei er herzlich eingeladen.

Nun bestürmte man den Prinzen von allen Seiten mit der Bitte, er möge an das Reich denken, über welches zu herrschen er bestimmt sei, er solle in den heimatlichen Bergen bleiben und auf seine Gemahlin verzichten. Man pries die große Zukunft, die er vor sich habe, man riet ihm eine Reise in den schönen Süden zu unternehmen - allein der Prinz hörte auf keine dieser Reden, sondern ging mit seinem Schwiegervater und seiner todkranken Gemahlin auf den Mond.

Hier erholte sie sich überaus schnell, doch ehe sie vollkommen genesen war, erkannte der Prinz mit Schrecken, daß er von Tag zu Tag weniger sah, und daß er binnen kurzem erblinden würde. Da riet ihm der alte Mondkönig, den Mond zu verlassen, bevor es zu spät sei. Der Prinz sträubte sich. Als aber die Gefahr immer dringender wurde, riß er sich los und kehrte tieftraurig auf die Erde zurück.

Nun überfiel ihn seine Mondsehnsucht heftiger denn je. Zur Vollmondzeit war er überhaupt nicht mehr im Schloß zu sehen, sondern irrte ruhelos auf den Bergen umher.

Tagsüber schlief er in Felshöhlen und unter Bäumen, nachts bestieg er hochragende Spitzen und schaute unverwandt zum Mond hinauf. So waren Wochen vergangen, seitdem der Königssohn zum letzten Mal einen Menschen gesehen und zum letzten Mal ein Wort gesprochen hatte. Da wurde er gegen Abend in einem geröllübersäten Tal von einem Gewitter überrascht und mußte in eine Höhle flüchten. In dieser traf er auf einen seltsamen kleinen Mann, kaum drei Schuh hoch, aber mit langem Bart und ernstem Gesicht und einer goldenen Krone auf dem Haupt.

Der Prinz sprach das Männchen an und erkannte bald, daß er einen Leidensgefährten gefunden hatte, denn was der kleine Mann mit der goldenen Krone von seinem Schicksal erzählte, das klang hart und traurig.

Der kleine Mann war König eines zwergenhaften Waldvolkes. Seit undenklichen Zeiten bewohnten diese ein schönes Reich im fernen Osten. Als das Reich seine große Blüte erreicht hatte und so viele Einwohner zählte wie eine große Waldung Blätter, da machte fremdes Kriegsvolk einen feindlichen Einfall, verwüstete alles mit Feuer und Schwert und tötete in langen Kämpfen so viele von den Zwergen, daß die Überlebenden endlich aus ihrem Heimatland flüchten mußten. Nun zog der König mit dem Rest seines Volkes von einem Nachbarreich ins andere und bat, man möge ihm einen Berg oder einen Sumpf oder sonst irgendein Stück Land überlassen, damit seine Leute sich darauf ansiedeln könnten. Aber kein Fürst wollte davon etwas hören, überall wurden sie mit Hohn hinausgewiesen. Endlich hatten sie in einem entfernten Lande einen Platz gefunden, mußten sich aber zu so schweren Arbeiten verpflichten, daß viele dabei starben und andere flüchteten, um das Elend ihrer Brüder nicht länger mit ansehen zu müssen, so auch der König.

Nachdem er das erzählt hatte, seufzte der kleine Mann und meinte, es gebe wohl kein unglücklicheres Geschöpf als einen Fürsten, dessen ganzes Volk zugrunde gehe und der nichts dagegen tun könne.

Auch der Prinz erkannte teilnehmend an, daß ein hartes Geschick den Zwergenkönig betroffen habe, bemerkte jedoch, sein eignes Los sei nicht minder grausam, und trug seine Leidensgeschichte vor. Anfangs hörte der Zwergenkönig mit trübem Blick zu, aber allmählich erhellte sich sein Gesicht, zuletzt lächelte er ganz vergnügt, und als der Prinz, dem dies entgangen war, geendigt hatte, da sprang der kleine Mann auf, schlug die Hände zusammen und rief: „Prinz, freue dich, jetzt sind wir beide gerettet!"

Erstaunt fragte der Prinz, wie das denn sein könne. Da erklärte der Zwergenkönig, die Prinzessin habe nur deshalb in ihre Heimat zurückkehren müssen, weil ein lichtgewohntes Mondkind den Anblick schwarzer Felsen auf die Dauer nicht ertragen könne. Wenn die Berge des Alpenreiches dieselbe Farbe wie jene auf dem Mond hätten, so wäre die Prinzessin nimmermehr von Heimweh befallen worden. Nun seien aber die Zwerge findige und geschickte Leute, und sie wollten sich gerne verpflichten, unzählige dunkle Gipfel von oben bis unten mit dem Weiß der Mondlandschaft zu bekleiden, falls sie vom König dieses Alpenreichs die Erlaubnis erhielten, dort für alle Zeiten unbehelligt wohnen zu dürfen. Auf solche Weise könne beiden geholfen werden, dem Prinz und dem Volke der Zwerge.

Bald staunend bald ungläubig hatte der Prinz dieser heißungsvollen Rede gelauscht, und nun bemerkte er, es würde ihm wohl nicht schwerfallen, den Zwergen die Erlaubnis zum Aufenthalt im Reiche zu erwirken. Allein er begriff nicht, wie diese es anfangen wollten, eine dunkle Bergwand weiß zu machen. Da lächelte der Zwergenkönig und meinte, der Prinz möge deswegen beruhigt sein, denn die Zwerge hätten schon Schwereres zustandegebracht. Der Prinz zauderte nicht länger und forderte den kleinen Mann auf, sich mit ihm zu Hofe zu begeben.

Der alte König zeigte sich sehr erfreut über die Rückkehr seines Sohnes, allein die Wünsche, welche er und sein Begleiter vorbrachten muteten ihm seltsam an. Das Aussehen der Felsgipfel hielt er für belanglos, doch glaubt er die Einwanderung eines fremden Volkes nicht gestatten zu dürfen. Erst als der Zwergenkönig erklärte, sie würden niemals auf die üppigen Talgründe, Wiesen und Äcker Anspruch erheben, sondern sich mit dem Aufenthalt in den Wäldern und Felswildnissen begnügen, gab der Alpenkönig seine Zustimmung. Das Übereinkommen wurde verbrieft, und beide Teile schworen, es getreulich einzuhalten.

Einige Tage später sah man die kleinen Leute in langen Zügen die Reichsgrenzen überschreiten und sich den Hochbergen zuwenden. Nachdem sie im Geklüfte, hinter den Wasserfällen und unter Überhängen ihre Behausungen gewählt hatten, ließ der Zwergenkönig dem Prinzen mitteilen, daß sie am nächsten Abend mit der Arbeit beginnen würden. Der Prinz, welcher seine erwartungsvolle Ungeduld kaum zu meistern vermochte, wurde gleichwohl von Zweifeln geplagt, denn es schien ihm unmöglich, daß die Zwerge ihre Aufgaben lösen könnten. Er begab sich auf einen der höchsten Berggipfel und wartete den Abend ab. Kaum war der Mond aufgegangen, so erschienen sieben Zwerge, die sich in einem Kreise aufstellten und anfingen, allerhand seltsame haschende Griffe zu tun, die kleinen Hände fuhren durcheinander wie die Wellen eines Sturzbaches. Staunend gewahrte der Prinz dieses Treiben, und endlich fragte er die Männchen, was sie damit bezweckten.

Darauf erwiderten sie, daß sie im Begriff seien das Mondlicht zu spinnen. Und richtig, nach einiger Zeit wurde im Mittelpunkt ein Knäuel sichtbar, das einen milden aber andauernden Glanz ausstrahlte. Emsig arbeiteten die Zwerge; das Knäuel wuchs und wurde zu einem großen Bündel. Unverwandt schaute der Prinz den sieben fleißigen Leutchen zu, während Stunde um Stunde verrann. Von ungefähr richtete er seinen Blick auch in die Ferne, und siehe da, auf jedem Gipfel des Reiches erglühte ein heller Punkt, überall standen Zwerge und hatten Licht gesponnen. Es schien, als seien die Sterne auf die dunkle Gipfelflur herabgefallen. Schon waren die Täler ganz schwarz geworden, und der Mond beschien nur noch die ragenden Spitzen, dann versank er weit drüben hinter langen, welligen Graten.

Die Zwerge aber rasteten nicht, sondern begannen unverweilt mit einer weiteren Arbeit. Sie zupften ihre Lichtbündel auseinander und zogen die glänzenden Fäden vom Gipfel über die Abhänge herunter. Dann gingen sie um den Berg herum und hüllten ihn allmählich in ein Lichtnetz ein, und als jede Kante und Spitze übersponnen war, wurden die Maschen enger gezogen, bis endlich alle dunklen Flecken verschwanden und das ganze Gelände gleichmäßig einen matten Schimmer ausstrahlte.

Am nächsten Morgen wollte in den Tälern unten niemand seinen Augen trauen, denn die ringsum aufragenden, ehedem so finsteren Berggipfel sahen jetzt bleich aus. Ihre helle Farbe stand in seltsamem Gegensatz zu den schwarz gebliebenen Bergen jenseits der Landesgrenzen. Während einer einzigen Nacht hatten die Zwerge sämtliche Felsgipfel des Reiches mit dem Weiß der Mondlandschaft überzogen.

Als der Prinz hochzufrieden im Schloß eintraf, wartete ein Bote auf ihn, der ihm sagte, daß die Prinzessin lebensgefährlich erkrankt sei und den Wunsch ausgedrückt habe, noch einmal ihren Gemahl zu sehen. Sogleich machte sich der Prinz auf die Reise.

Auf dem Mond angekommen, eilte er zu seiner Gemahlin und beschwor sie, mit ihm zu kommen, denn jetzt habe alles Leid ein Ende. Die Felsengipfel seines Reiches glänzten wie die Mondberge. Er habe eine weiße Welt für sie vorbereitet, wo sie sich nie wieder in Lichtsehnsucht verzehren werde, denn jede seiner heimatlichen Berge sei zu einer steinernen Flamme geworden, die leuchtend in den Wolken lodere.

Diese Worte weckten die Lebensgeister der Prinzessin, und bald ging sie ihrer Genesung entgegen. Schon nach kurzer Zeit konnte der Prinz seine Gemahlin auf die Erde zurückführen.

Und wie freudig staunte die dem Tod Entrissene, als sie die glanzdurchwogte Landschaft sah. Der lachende Alpengarten vereinigte in seinen bleichen Felsen, grünen Wiesen und bunten Blumen, die lichten Gefilde des Mondes mit der reichen Farbenpracht der Erde.

Nie wieder wurde die Mondtochter von Heimweh erfaßt, denn nun war es ja in dem Land der bleichen Berge schöner als in ihrer Heimat.

Bazin

I n einem kleinen Alpendorf wohnte einmal ein Barbier, der hieß Bazin. Dieser Bazin war kein ausgesprochen schlechter Mensch, aber er war geizig, so geizig, daß er ein Haar in zwei Stücke gespalten hätte, wenn dies ihm nur irgendeinen Vorteil verschafft hätte.

Daß Bazin sehr geizig war, kann man an der Tatsache erkennen, daß er seinen Hund und seine Katze ans Stehlen gewöhnte. Und wenn die armen Tiere dabei erwischt wurden, mehr als zwanzig Mal war dies der Fall, dann hatte er kein Mitleid mit ihnen, wenn man sie prügelte, und er versuchte auch nicht, ihnen das Stehlen abzugewöhnen.

Eines Tages, es war um die Zeit, da man die Johannisfeuer anzuzünden pflegte, hatte Bazin eine Idee, wie nur ein Geizhals sie haben kann. Er hatte beschlossen, von dem Holz ein wenig an sich zu bringen, das man für das Feuer benötigte. Auf diese Weise, so dachte er, hätte er Holz für den Winter.

Er schloß seinen Laden früher als gewöhnlich, zog eine dunkle Hose an und einen dunklen Kittel und ging in die Berge. Aber so sehr er sich auch überall umschaute, jedes Mal, wenn er einen Holzstoß fand, war dieser von so vielen Leuten umgeben, daß er nicht auch nur das kleinste Stückchen Holz wegnehmen konnte, ohne erwischt zu werden. Dies ärgerte ihn bis in sein innerstes, geiziges Herz hinein. Schließlich ging er nach Hause zurück. Er hatte es aufgegeben, noch Holz zu finden.

Da hörte er auf einmal die Stimme von Bauern, die zueinander sprachen: "Was macht nur Martingot? Er sollte doch das Johannisfeuer auf dem Gipfel des Mont Saint-Eynard entfachen. Und man sieht noch immer nicht den Feuerschein."

Und alle begannen nun zu singen:
"Martingot, was machst du?
Schläfst du oder wachst du?
Warum sehen wir kein Licht?
Warum brennt dein Feuer nicht?"
Da wartete Bazin nicht lange, sondern setzte sich sogleich
in Bewegung. Er stieg den Berg hinauf. Als er aber auf dem
Gipfel des Berges ankam, war es so dunkel dort oben, daß
er große Angst bekam. Er begann zu zittern und zwar nicht
der Kälte wegen, sondern weil er ein schlechtes Gewissen
hatte. Noch dazu wußte er nicht, von welcher Seite er kom-
men mußte, um den Holzstoß zu erreichen.

Nun hörte er plötzlich ein Geräusch, das ihn noch mehr zittern ließ und ihn in Angst und Schrecken versetzte. Aber
bald merkte er, daß es nur Martingot war, der laut und ver-
nehmlich schnarchte. Jetzt konnte Bazin auch den Holzstoß erkennen. Überglücklich eilte er hinzu. Dann begann
er leise und vorsichtig die Holzscheite zu bündeln.

Aber plötzlich näherte sich ihm sachte, sachte, der Mond.
Wie jeder weiß, wohnt ja der Mond auf den Bergesgipfeln.
Mit einem einzigen Griff packte er den geizigen Bazin.

Deshalb sieht man bis auf den heutigen Tag bei Vollmond
die Gestalt eines Mannes mit einem Bündel auf dem
Rücken im Mond.

Es ist Bazin, der Mann im Mond.

Die Bremer wollen
den Mond fangen

Einmal - das ist natürlich schon lange her - machten sich neun Bremer Handwerksgesellen mit Leitern und Stangen auf und wollten den Mond einfangen. Er war zuletzt unweit des Hafens über der Weser aufgegangen; sie legten sich also mit Stricken und Schlingen, mit Spieß und Knebel auf die Lauer und hofften, ihr Plan würde ihnen ein gutes Lösegeld einbringen.

Der Mond ist in jener Nacht aber, so scheint's, viel ferner aufgestiegen. Entweder hatte er vom Vorhaben der Bremer erfahren, oder er kommt in Wirklichkeit weiter her, als die Gesellen vermuteten.

Dafür haben sie ein anderes sonderbares Erlebnis gehabt. Als die neun nämlich noch im Rohr saßen, ganz lautlos, um den nahenden Mond nicht argwöhnisch zu machen, ließ sich auf einmal eine weiße Schar vom Himmel nieder, die sah aus wie ein Flug ziehender Schwäne. Es waren aber

Mondfrauen, die im Weserfluß baden wollten. Sie warfen im Nu ihre Federkleider ab, legten sich ans Ufer und tauchten spielend in den Strom.

Das war eine Überraschung für die Bremer! Und weil es mit dem Mond doch nichts mehr wurde, sein helles Gesicht vielmehr schon hoch über den Erlenwäldern stand, ließen sie Leitern und Stricke liegen und wateten durch Gräben und Sumpfwiesen dahin, wo die Schwanenfrauen die Flügelkleider abgeworfen hatten.

Als sie in der Nähe der Badenden waren, machten sie ein großes Geschrei, um die Frauen zu schrecken, sprangen auf und bekamen wirklich jeder ein herrliches Schwanengewand beim Zipfel. Ehe sie indes ein zweites zu fassen hatten, flatterten und hüpften die andern Schönen windschnell heran, griffen nach ihrem Gefieder und stoben auf und davon. Neun von den silbernen Jungfern aber hockten in der Weser, baten, drohten, flehten und wollten ihre Gewänder heraushaben. Jeden andern hätte solche Herzensangst gerührt.

Die Bremer waren indes so erbost, daß der Mond ihnen entkommen war, sie hatten kein Mitleid mit nächtigem Spuk, und einige wollten die wunderbaren Kleider schon zusammenfalten, um mit der Beute zum Frühmarkt zu eilen.

Als dies die Mondfrauen vernahmen, faßten sie wieder Mut und riefen, so viel wie die Bremer auf dem Frühmarkt könnten auch sie bieten.

Nun waren drei Gesellen dabei, die hatten Weib und Kind zu Haus, die nannten den Preis für die Kleider und sagten, sie wollten an Silber siebenhundertmal soviel haben wie die Schwanenfedern wögen, nicht mehr und nicht weniger. Sie meinten vielleicht, daß die Jungfern das nicht bezahlen könnten. Aber was sie nicht erwartet hatten: Die drei Fräulein, deren Kleider sie gegriffen hatten, spannen aus Wasser und Mondlicht aus Atem und blühendem Schilf ein wunderfeines Gewebe, das hämmerten sie mit einem kleinen Stein zu Silber. Sie wogen alles gegeneinander ab, die drei Männer gaben die Gewänder her und waren zufrieden.

Inzwischen hatten die sechs anderen auch mit ihren Jungfern verhandelt, scherzten mit den Schönen und riefen,
eigentlich sei es doch schade, daß solch feine Mädchen
niemals nach Bremen zum Tanz kämen. Sie fanden Gefallen an den Schwanenfrauen.

Ja, dem Jüngsten von ihnen wurde das Herz schwer, und
er sagte zu dem Fräulein, dessen Gewand er in Händen
hatte, er wolle das Kleid nimmer hergeben, sie selbst sei
viel schöner als alles Silber und Gold zusammen. Und der
Zweitjüngste, der ein Frommer war, meinte, solch edle
Jungfer möchte er wohl in die Kirche führen. So ging es
noch einem dritten und den anderen auch.

Die Schwanenfrauen hörten es sich an und berieten; aber
dann sagten sie, daß sie keinen Menschen freien wollten,
und die Herren möchten nun aufzählen, wieviel sie für das
gestohlene Gut forderten.

Da ließen sich wieder drei von den sechs Junggesellen
bewegen und verlangten das Gewicht der Kleider siebzig-
fach in Gold. Gleich machten die Jungfern sich ans Spinnen, wie zuvor mit Mondenlicht.

Während die Schwestern nun am Werk waren, fragten die
drei letzten Frauen, ob sie Edelsteine geben sollten, sie
wollten es gern tun, wenn sie nur frei würden. Aber die
drei jüngsten Handwerksgesellen sahen einander an und
sahen zu Boden - blickten wieder auf die Jungfern im Wasser und schüttelten die Köpfe. Was den Menschen denn
mehr gelte als Edelsteine, fragten die Schönen, und ob die
Herren die Flügel nicht doch eintauschen wollten?

Währenddessen waren die goldenen Gespinste fertig
geworden, die drei Altgesellen wogen alles gegeneinander
ab, mußten die Kleider hergeben und gingen den Freunden
nach.

Da blieben nur die drei Jüngsten zurück und sahen wieder
die Schwanenfrauen an, die bitterbös waren und mit allerhand Schlimmem drohten, das sie den Burschen anwün-

schen würden. Da dies aber keinerlei Eindruck machte fragten die schneeweißen Mondjungfern endlich ungeduldig, was sie denn eigentlich wollten.

Ach, seufzte der Jüngste, immer schon hätte er sich just eine solche Frau gewünscht, wie da eine vor ihm stünde. Und die andern sagten das gleiche und hielten die Kleider fest.

Die Schwanenfrauen begannen zu weinen; aber die drei Burschen trösteten sie, schwuren ihnen zu, alles zu tun, was sie ihnen an den Augen absehen könnten und sprachen vom Heiraten wie von einer ausgemachten Sache. Sie nahmen die Jungfern mit sich und verbargen sie noch vorm Frühgrau in der Stadt.

Da war während dessen viel Aufregung entstanden. Die drei verheirateten Bürger mit den Silbergespinsten hatten über Nacht gutes Geld gewonnen. Die drei Altgesellen aber, die Gold verlangt hatten, waren betrogen; bis Bremen war ihr gelber Schatz wieder zu Schilf und Stroh geworden, das hatten sie von ihrer Begehrlichkeit. Sie gingen deshalb zu den Jüngsten und fragten, was die genommen hätten, und ob sie auch so schlimm behandelt seien. Aber die drei taten den Mund nicht auf.

Nach einer Weile haben dann drei Handwerksgesellen Hochzeit angemeldet und haben Frauen von draußen gewählt, allen Bürgern zum Ärger. Es waren jedoch wunderschöne Schwestern mit silberfädigen Haaren und mondblauen Augen, die sie heimführten. Und sie haben auch jeder ein Haus voll Glück und Weisheit erbaut, und ihr Wohlstand mehrte sich von Kind zu Kind.

Heute noch heißt es, das mondhelle Haar, das man nahe der See findet, sei von jenen Windmüttern den Leuten am Meer vererbt.

Brauchtum und Aberglaube
zum zu- und abnehmenden Mond

Die Wandelbarkeit des Mondes, sein Zunehmen und Großwerden, das Abnehmen und Verschwinden brachte die Menschen schon früh auf den Gedanken, ihr eigenes Leben und das der Natur in Zusammenhang mit den Veränderungen dieses Gestirns zu sehen. So gibt es eine große Menge Vorschriften, deren Gegenstand mit dem Wachsen und Schwinden des Mondes verknüpft erscheint. Mit zunehmendem Mond begonnen wächst und blüht das menschliche Tun; abnehmender Mond schädigt, hemmt, ja vernichtet sogar.

Daraus ergibt sich mit Abwandlung ins Moralische: Wenn Menschen etwas zur Förderung des Guten tun, geschieht es am besten bei zunehmendem Mond; soll dagegen etwas vernichtet werden, so tut man es bei abnehmendem Mond.

Bei zunehmendem Mond sollen Ehekontrakte aufgesetzt, sowie Hochzeiten gefeiert werden. Man glaubt, daß dadurch dem jungen Paare Anwachsen des Vermögens und der Wirtschaft beschieden sei. Vor Eheschließung bei abnehmendem Mond wird gewarnt; Kinderlosigkeit, Vermögensrückgang, Unglück sind die Folge.

Der Einzug eines jungen Paares in das gemeinsame Heim darf nur bei Neumond und zunehmendem Mond erfolgen, denn nur dann wird das gemeinsame Glück auch zunehmen.

Sieht man das erste Viertel des Mondes über der linken Schulter, so geht einem alles verkehrt, sieht man es zuerst über der rechten, so hat man Glück.

Zunehmender Mond bringt Geld, wenn man ihn im Freien in die Geldtasche scheinen läßt; wer ihn aber durchs Fenster oder durch die Haustüre sieht, hat mit viel Ausgaben zu rechnen.

Gebiert eine Frau bei zunehmendem Monde, so wird sie noch mehr Kinder bekommen.

Man legt ein Kind nur bei zunehmendem Monde zum erstenmal in die Wiege oder den Kinderwagen. Auch sollen sie nur in dieser Zeit getauft werden.

Ein Mädchen soll man nicht bei zunehmendem Mond abstillen, sonst bekommt es zu große Brüste - der abnehmende Mond hingegen bewahrt dem Mädchen die Schlankheit.

Man wird schwer krank, wenn man Speisen zu sich nimmt, in die der abnehmende Mond scheint, weil man den Mondschein mitißt.

In einem Vortrag vom Jahre 1789 bemerkt der berühmte Elberfelder Arzt Dr. Dinkler, der Glaube an gewisse Himmelskonstellationen, an den Mond beim Säen und Pflanzen, sei dem Gemüt des gemeinen Mannes so fest eingeprägt, daß er von diesem Irrtum nicht abzubringen sei.

Man sät und pflanzt gern bei zunehmendem und vollem Mond; doch ist hier wieder ein Unterschied zwischen den Früchten welche über, und solchen, welche unter der Erde wachsen. Erstere werden nämlich im Neumond, letztere im Vollmonde gesät - ein anderer Brauch schreibt jedoch vor: Alle Wurzelgewächse wie Rettiche, Zwiebel etc. müssen, weil sie nach unten wachsen, im abnehmenden Mond, die anderen, welche nach oben wachsen im zunehmenden Mond gesät werden.

Dung wird am besten bei abnehmendem Mond gefahren und gestreut.

Der bei zunehmendem Monde gesäte Gemüsesamen geht besser auf.

Wenn der Vater bei zunehmendem Mond stirbt, bedeutet dies für die Kinder Segen und Reichtum, im umgekehrten Fall verarmen sie.

Haare soll man bei zunehmendem Mond (oder dritten Neumondtag) schneiden, damit sie recht stark werden; bei abnehmendem Mond geschnitten, wachsen sie nicht mehr nach. Bei Vollmond geschnitten, werden dunkle Haare heller - dasselbe gilt auch für Nägel.

Warzen verliert man, wenn man bei zunehmendem Mond allein ans Fenster oder ins Freie geht, den Mond ansieht, und, indem man über die Warzen dem Mond zustreicht spricht:

> *„Was ich abstreif´, das verlier sich*
> *Was ich anseh, das vermehr sich."*

Man kann aber auch bei Vollmond an jemanden denken, dem man nicht sehr gerne zugeneigt ist, über die Warzen streichen und dabei sprechen:

> *„Eins, zwei, drei, vier,*
> *meine Warzen schenk ich dir."*

Die selben Formeln helfen auch gegen Überbeine.

Aderlassen ist bei zunehmendem Monde anzuraten, da die Gesundheit gefördert werden soll und bei abnehmendem Monde die Gefahr zu großen Blutverlustes besteht.

Leuchtet ein heller Stern dicht beim zunehmenden Mond, so bricht bald ein Feuer im Ort aus.

Bei zunehmendem Mond ist das Zahnziehen schmerzloser.

Wem die Zähne, Ohren, Kopf und dergleichen weh tut, der stehe zur Zeit des abnehmenden Mondes gegen den Mond und sage: *„Gleichwie der Mond abnimmt, also nehmen meine Schmerzen ab."*

Hat jemand Zahnschmerzen, so nehme er bei abnehmendem Mond einen Nagel, bohre damit in den Zahn, so daß Blut kommt; dann schlage er ihn stillschweigend in die Nordseite einer Eiche, daß die Sonne nicht darauf scheine; solange der Baum steht, wird der Kranke nie wieder Zahnschmerzen haben. Andere schlagen vor, bei zunehmendem Mond auf einen Kreuzweg zu gehen und dort zu sprechen:

„Guter Mond, ich klage Dir,
Zahnschmerzen quälen mich!
Ich bitte dich,
Nimm diese von mir zu dir."

Holzfällen soll man bei abnehmendem Mond, damit das Holz nicht fault oder Würmer es nicht fressen (in Kärnten jedoch wird für Bauholz das Fällen bei zunehmendem Mond ausdrücklich vorgeschrieben)

Ein Vieh, ob Kalb oder Kuh, ob Schwein, Ferkel oder Rind, sollte nur bei zunehmendem Mond oder bei Vollmond geschlachtet werden, da bei abnehmendem Mond das Fleisch zusammenschrumpft und die Därme zu schwach sind, um daraus Würste zu machen.

Das Entwöhnen der Kälber von der Mutterkuh hat nur bei abnehmendem Mond den rechten Erfolg, dann bekommen sie schnell dicke Bäuche.

Bohnen und Erbsen geraten nur, wenn sie bei abnehmendem Mond gesät werden, andernfalls blühen sie ständig, ohne Schoten anzusetzen.

Hühneraugen entfernt man am besten indem man bei abnehmendem Monde an einem Abend mit dem Zeigefinger der rechten Hand das Hühnerauge rings umfahre und dazu spreche:
„Es ischd nüd und es wird nüd,
es ischd Kad (= Kot) und vergaht."

Wenn dann danach die drei höchsten Glaubensbekundigungen gesprochen werden, kann man sich sicher sein, daß das lästige Hühnerauge binnen dreier Tage verschwunden ist.

Hämorrhoiden soll man bei abnehmendem Mond morgens vor Sonnenaufgang mit Tauwasser waschen.

Wunden heilen nur bei abnehmendem Mond; man darf sie aber dem Mondschein nicht aussetzen, denn das Fleisch fault im Mondschein schneller als im Sonnenschein.

Plinius der Ältere (ca. 23 bis 79 n. Chr.) betont, daß das Blut des Menschen mit dem Mond ab- und zunehme.

Der erste Tag im abnehmenden Mond bringt gerne Unglück, während der erste Tag nach Neumond oftmals Glück mit sich führt

Wein muß bei wachsendem Mond gelesen werden.

I n einer einsamen Berggegend gibt es einen Abgrund mit brüchigem Fels. Hart an seinem Rand hin läuft ein Handelspfad und auf einem schroffen Felskopf, nahebei, erhob sich einst die Burg eines Raubritters, bei deren Erbauung es nicht mit rechten Dingen zugegangen ist. Der Grundstein der Burg, eine riesige schwarze Felsplatte, sei von einer Hexe, die ein unschuldiges Mädchen dabei geopfert hätte und dem Raubritter selbst gesetzt worden. Der Ritter bedrohte die ganze Umgegend und verunsicherte den Handelspfad. So oft seine Burg auch belagert wurde, sie erwies sich als uneinnehmbar.

Als der Ritter heiratete, holte er sich eine Frau aus der Fremde und nahm sie zu sich auf die Burg. Doch eines Nachts, als der Mond die Burg beschien, erschreckte die Frau ein schlimmer Traum.

Ein entsetzliches Wort sei heraufgestiegen aus dem tiefen Gewölbe und habe sie in der Seele erschreckt, erzählte sie dem Ritter.

Der fragte nach dem Wort. Doch seine Frau konnte es ihm nicht sagen. Der Ritter beruhigte seine Frau, doch die sah ängstlich in den Nachthimmel, wann immer der Mond daran zu sehen war. Und in einer hellen Mondnacht schrie sie wieder im Schlaf, bis ihr Mann sie weckte. Zitternd erzählte sie, daß wieder ein Wort aus der Tiefe hervorgekrochen sei und an den Wänden in die Höhe bis über die Zinnen. Dabei hätte die Burg gezittert und gebebt, als wolle sie in den Abgrund stürzen über dem sie erbaut wurde. Diesmal ließ sie sich nicht mehr beruhigen, sie verfiel in eine schwere Krankheit und starb nach kurzer Zeit.

Als ein Jahr vergangen war, heiratete der Ritter abermals. Doch auch dieser Frau erging es ähnlich wie der ersten.

Wenn die Nacht klar war und der Mond auf die Burg schien, vermeinte sie jammernde Kinderstimmen zu hören und konnte nicht mehr schlafen. Sie befragte die Knechte und Mägde, aber niemand wollte davon etwas wissen. Als sie dem Ritter ein Mädchen geboren hatte, siechte sie dahin und starb.

Der Ritter aber ließ das Mädchen aus der Burg zu Verwandten bringen, denn ihm schien, als ob kein weibliches Wesen hier am Leben bleiben konnte. Das Mädchen wuchs gut auf bei den Verwandten, heiratete und gebar eine Tochter. Allein, ihr Mann fiel auf einem Kreuzzuge und so ließ der Raubritter seine Tochter und ihr Kind auf die Burg holen, wo er viel Freude fand an seiner Enkelin.

Aber eines Tages zur Winterszeit erkrankte das Mädchen, und was man auch alles tat, um es zu retten - das Leiden verschlimmerte sich immer mehr. Schneestürme brausten um das Schloß und dunkle Wolken verhüllten den Himmel. In der siebenten Nacht aber drehte sich der Wind. Die Luft wurde klar, der Mond leuchtete, und es schien noch kälter zu werden, als es schon war.

Als der Ritter entdeckte, daß der Mond am Himmel stand, packte er das kranke Kind und brachte es, gegen den Willen der Mutter, zu einem nahen Bauernhof, wo das Mädchen auch nach kurzer Zeit wieder vollkommen gesund wurde.

Die Mutter jedoch hörte seit jener Zeit auch die Stimmen in den Mondnächten und sah schreckliche Worte aus dem tiefen Gewölbe aufsteigen. Kurze Zeit später starb sie an Auszehrung.

So wuchs das Mädchen in der Burg auf und lange Jahre war sie ihrem Großvater ein ständiger, unerschöpflicher Quell der Freude. Als seine Enkelin herangewachsen war, dachte der alte Raubritter mit der Zeit daran, sie zu verheiraten, um seine unbezwingbare Burg einem Nachfolger übergeben zu können.

Doch da fragte eines Tages das Mädchen den Großvater, was denn das für ein Heulen gewesen sei in der Tiefe heute Nacht. Sie habe zuerst jemanden wie aus einem Grabe rufen hören und darauf sei ein Jammern losgegangen wie von vielen verzweifelten Menschen; sie habe große Angst empfunden und nicht mehr einschlafen können.

Der Großvater erschrak sehr. Dann jedoch beruhigte er seine Enkelin: „Nachtvögel hausen im Gemäuer, und der Wind weht über die Berge. Da kann man allerlei Töne hören."

Das Mädchen gab sich damit zufrieden. Aber in der nächsten hellen Mondnacht klopfte sie an die Tür des Ritters: „Großvater! Jetzt habe ich das Heulen wieder gehört und sogar einzelne Worte deutlich unterschieden. Es müssen Menschen irgendwo unten in den Abgründen stehen, laß die Wache rufen!"

Der alte Ritter hatte die größte Mühe, seine Enkelin zu beruhigen. Sie sagte, sie habe das Gefühl gehabt, als zögen jene heulenden Menschen die ganze Burg in den Abgrund hinunter.

„So ein Unsinn!" versetzte der Schloßherr.

Damit sie sich aber ein andermal nicht fürchtete, ließ er sie fürderhin in einer Kemenate auf der Waldseite der Burg wohnen.

Lange Zeit geschah nichts, denn wann immer der Mond schien, verhängten dichte Wolken den Himmel, so daß sein Schein nicht herunterdringen konnte auf die Erde. Doch als das nächste Mal das Licht des Mondes auf die Burg fiel, erschreckte das Mädchen sich wieder an dem Jammern und Heulen, das aus dem Gewölbe stieg. Sie ging zu einer alten Magd und bestürmte sie, ihr zu erklären, was denn dies bedeute.

Nur zögernd erzählte diese, daß im tiefen Gewölbe die Gefangenen des Raubritters schmachteten, und daß diese bei Mondschein vor Furcht und Entsetzen jammern würden. Auch berichtete sie von gräßlichen Worten, die in der Seele schmerzten und keinen Sinn ergäben, die in solchen Nächten die Mauern emporstiegen und die Burg in ihren Grundmauern erzittern lassen würden.

Da bekam das Mädchen Mitleid mit den Gefangenen, und es beschloß hinabzusteigen in das tiefe Gewölbe um die Eingesperrten freizulassen. Dunkel war die Nacht, und nur der zunehmende Mond stand am Himmel, als sie am tiefen Gewölbe stand. Sie hatte eine Strickleiter mitgebracht, denn Stufen führten nicht hinab in das tiefe Gewölbe. Als sie eine Stelle suchte, um die Strickleiter zu befestigen, stieg der Mond über das Schloß. Aus dem undurchsichtigen Dunkel des Gewölbes klang vielstimmiges Jammern und herzzerreißendes Klagen.

Die Burg zitterte in ihren Grundfesten und ein Wort kroch aus dem Gewölbe die Mauern empor bis zu den Zinnen. Das Mädchen fiel vor Entsetzen in eine Ohnmacht und stürzte besinnungslos hinab in das tiefe Gewölbe zu den Gefangenen.

Am nächsten Tag ließ der alte Raubritter seine Enkelin überall suchen, doch es war schon Abend, als sie endlich gefunden wurde. Als der Großvater eine Strickleiter in das Gewölbe hinabließ, stiegen jedoch zunächst alle Gefangenen daran in die Höhe. Sie überwältigten den Ritter und stießen ihn hinab in das Verlies, wo seine Enkelin noch immer besinnungslos auf der Erde lag.

„Pflegt sie gut", riefen die Befreiten als sie sich davonmachten. „Wir wissen wohl um das Geheimnis Eures Grundsteines. Immer wenn der Mond darauf schien, wie in jener Nacht, als Ihr ihn gesetzt habt, begann er zu wimmern wie ein sterbendes Kind und sprach ein Wort. Immer nur eines, aber mit der Zeit haben wir den Spruch herausgefunden. Er lautet: Unter dem Grundstein ist eine Jungfrau eingemauert, und wenn in der Burg wieder einmal eine Jungfrau stirbt, so wird die Burg in den Abgrund stürzen."

Es dauerte nicht lange, da wurde der alte Raubritter von seinen Knechten gefunden und mitsamt dem Kind aus dem tiefen Gewölbe geholt. Seine Enkelin jedoch lag krank auf  ihrem Lager, bewegte sich nicht und sprach kein Wort. Auch eine alte Kräuterfrau konnte nicht helfen. Doch sie gab dem Ritter den Rat, so schnell als möglich aus der Burg auszuziehen.

Der Ritter jedoch hörte nicht auf sie. Er blieb allein am Lager seiner Enkelin sitzen und hielt ihre Hand. Alle Knechte und Mägde waren schon lange geflohen, als in der nächsten hellen Mondnacht das letzte Wort aus dem tiefen Gewölbe emporstieg über die Zinnen.

Es lautete „zusammenstürzen" und als der Ritter auf seine Enkelin schaute, war diese gestorben. Da begann es in den Grundfesten der Burg zu brüllen und zu toben. Wie von Geisterhand geführt, schloß sich die Zugbrücke mit lautem Krachen. Die Burg begann zu zittern, die Mauern wankten, die Türme barsten und mit einem donnernden Getöse stürzte die Burg mitsamt ihrem Grundstein hinab in den dunklen Abgrund.

Aberglauben und Brauchtum
zum Licht des Mondes

Das Ehebett soll vor Mondlicht bewahrt werden.

Wer im Mondlicht geschwängert wird, bekommt blöde und mondsüchtige Kinder, auch dürfen Schwangere nicht in das Mondlicht sehen, noch sich bescheinen lassen, um ihren Kindern nicht zu schaden.

Im Mondschein schlafen ist gefährlich, denn das Licht des Mondes zieht den Schläfer zu sich. Wer im Mondschein gewaschene Wäsche anzieht, wird mondsüchtig.

Wer beim Mondschein näht, näht sein Sterbehemd.

Im Mondschein darf man nicht spinnen, denn solches Garn hält nicht, auch bekommt der Böse dabei Macht über einen.

Man soll im Mondschein nicht tanzen, denn in dieser Zeit ist die Erddecke sehr dünn und so lockt man durch das Tanzen die Unterirdischen (die bösen Geister) hervor.

Daß Steine verwittern liegt am Mond, denn er nagt an ihnen.

Nach dem Mond soll man nicht mit dem Finger deuten. Man sticht sonst Engel tot und der Finger wird zur Strafe steif.

Eine Untat gelingt, wenn in der Nacht, in der sie ausgeführt wird, der Mond gerade dreimal durch die Wolken scheint.

Ist ein Stück Vieh von einer Seuche befallen, so führe man es bei zunehmendem Mond aus dem Stall, stelle es auf einen freien Fleck, so daß es den Mond ansieht, schneide dann neun verschiedene Reiser von gleicher Länge (alle Holzarten können genutzt werden außer Fichte und Weide), nehme einen Weidenzweig, schäle ihn ab und beschreibe damit um das Tier einen großen Kreis.

Dann lege man die neuen Reiser kreuzweise entweder auf den Rücken des Tieres oder unter seinen Bauch auf die Erde, sodann berühre man das Tier vom Kopfe bis zum Schwanze mit dem Stabe, mache drei Kreuze und spreche dabei:

> *„Sucht, Sucht, du böse,*
> *wie du gekommen in drei Tagen,*
> *so komm und erlöse*
> *in drei Tagen (oder drei mal drei Tagen)*
> *Dazu helfe Gott usw. Amen."*

Das erste Stück Vieh oder Tier, das danach den Platz betritt, oder der erste Vogel, der darüber hinwegfliegt, wird von der Seuche befallen, während sich das kranke Tier in drei Tagen erholt, aber erst nach neun Tagen wieder angespannt werden darf.

Wenn man sich zu Weihnachten auf ein weißes Tuch stellt und in den Mond schießt, verfehlt man sein Ziel das ganze Jahr nie.

Sterne gelten als aus alten Monden geschnitzt. Das immer wieder eintretende Zunehmen des Mondes wird hier als

eine immer wiederholte Geburt eines neuen Mondes aufgefaßt, das Abnehmen wird als Zersplittern erklärt. Die Sterne sind diese Splitter.

Wenn der Mond einen Hof hat, bringt dies Unglück, zeigt sich gar ein doppelter Ring, so ist dies ein sicheres Zeichen für einen nahenden Krieg.

Scheint der Mond blaß und gelb, so pflegt bald Regen zu folgen; scheint er rot, so deutet dies auf Wind; ist er weiß und hell, so hat man gutes Wetter zu erhoffen.

Ab dem 11. Jahrhundert mehren sich die Verbote, die dem Volk verbieten, sich in seinen Handlungen in irgendeiner Weise nach dem Mond zu richten.

Im 15. Jahrhundert wird in einem Bericht die Mondanbetung gegeißelt, bei der die Menschen, Laien, wie Kleriker, Gebildete, Ungebildete und Fürsten in gleicher Weise sich niederbeugten und die Kopfbedeckung abnahmen, sobald sie den zunehmenden Mond erblickten.

Der Mond soll nicht in die Küche scheinen, weil sonst die Magd viel Geschirr zerbricht.

Wasser aus einem Bache oder Brunnen, in welchen der Mond scheint, darf man nicht trinken, weil man sich sonst leicht den Teufel hineintrinken könnte.

Man hält es für eine große Sünde, im Mondschein zu spinnen und zu stricken, Als ob man am Tage nicht genug
bekommen könne.

Auch sagt man: der Mond scheine nicht deshalb so hell,
daß man bei seinem Lichte arbeiten soll, ohne eine Lampe
anzuzünden.

Wer es dennoch tut und zum Beispiel spinnt, der spinnt
einem seiner Angehörigen einen Strick um den Hals.

Der Schneider
im Mond

 in Schneider, der in die andere Welt wanderte, verirrte sich in den Mond. Ein solcher Mann war dem Mond willkommen.

„Es friert mich immer so sehr", sagte der Mond, „zumal in den kalten Winternächten; und da tät mir denn ein warmes Röcklein gar wohl."

Der Schneider mochte wollen oder nicht, er mußte bleiben, und nahm sogleich das Maß an dem Mond. Er hatte aber gar einen großen Buckel und einen dünnen, dünnen Bauch, und er sah schier aus wie ein Schneider, wenn er auf dem Bock sitzt. Der Rock war indes bald fertig, und er stand dem Mond aufs Allerbeste, trotz seiner Mißgestalt.

Aber siehe da! Nun schwoll der Mond von Tag zu Tag, und sein Bauch wurde immer dicker, und der Rock immer enger. Da hatte denn der Schneider vollauf zu tun, um nachzuhelfen, aufzutrennen und dranzusetzen.

Zuletzt wurde der Mond ganz dick und fett und kugelrund, und der Schneider konnte kaum soviel Tuch auftreiben und soviel Zeit, um die Arbeit zu fertigen Nacht auf Nacht.

Nun endlich glaubte der Schneider, er werde Ruhe haben und Urlaub bekommen.

Aber was geschieht?

Jetzt fing der Mond an, ordentlich einzuschrumpfen von Tag zu Tag, so daß ihm das Kleid immer weiter wurde und an seinem Leib schlotterte. Ja, was noch schlimmer war, er schwand jetzt wie ein rechter Wechselbalg, am Rücken, während er den Wanst behielt, und er sah zuletzt aus wie ein Gaukler, der sich rückwärts auf den Boden niederläßt. Das gab dann für den armen Schneider fort und fort Arbeit; immer mußte er wieder nachhelfen und auftrennen und davon nehmen, bis es recht war.

Endlich, nach drei Wochen, bekam er Ruhe; denn der Mond legte sich schlafen und war mehrere Tage nicht mehr zu sehen.

Unser Schneider aber, welcher der vielen und langen Arbeit satt geworden, verließ insgeheim den Mond und setzte seine Wanderung fort.

Ob er aber zuletzt in den Himmel gekommen, das weiß man nicht.

Der schwäbische
Sonn- und Mondfang

Vor langen, undenklichen Zeiten ist es in Schwabenland geschehen, daß die von Munderkingen die Sonne und den Mond haben fangen wollen.

„Ihr wisset Bürgermeister und Gerichtskämmerer", redete der Schultheiß die versammelten Väter an, „wie der Aisterberg neben dem Pflummenhölzle fast ganz öd ist. Dort wächst nicht einmal ein Bäumle. Ich bin schon so oft bös darüber geworden, wenn ich den Nutzen betrachtet hab', den wir hätten, wenn man den Berg anbauen könnte. Was man auch versuchte, genutzt hat es nichts. Jetzt habe ich nachgedacht, wo denn der Fehler stecken möge, und endlich bin ich drauf gekommen. Als ich am Abend auf mein Feld hinausging, um zu schauen, ob's morgen schön Wetter oder Regen gibt, da sehe ich, daß die Sonne gemächlich untergeht und zwar gerade mitten über den Aisterberg durch.

He, gemach, hab' ich gesagt. Bist du der Kamerad, der uns den Berg so verbrennt? Aber sie hat mich nur schreien lassen und ist dort hinab, wie ein Schelm. Und wie ich noch so dastehe, und ihr nachsehe, kommt der Mond auch noch. Ja, was willst jetzt du da, hab' ich gesagt; du willst jetzt gewiß auch über den Aisterberg, und was die Sonne nicht verbrannt hat, das willst du gewiß erfrieren lassen. Und wie ich's gedacht hab', so ist's gegangen; denn das Mondmännle lief - was gibste, was haste - über den Aisterberg hinab.

Und alles das hab' ich mit meinen Augen gesehen. Jetzt aber schließet selbst, wo der Fehler steckt. Ich glaub, es ist leicht zu erraten, denn wo die größte Hitz' und die größte Kälte zusammenkommen, da kann ja nichts wachsen. Jetzt sagt, wie wir diesem Umstand abhelfen können."

Peter Enderle, einer der Gerichtsmänner, nahm zuerst das Wort und sagte: „Mir scheint man soll gelinde Mittel brauchen und die Sache im Frieden ausmachen. Wir wollen ein Bildstöckle auf den Berg machen und darauf schreiben: Bei zehn Taler Strafe soll keiner darüber reiten noch fahren noch gehen, nicht einmal die Sonne und das Mondmännle. Wenn sie aber anders täten, so sollen sie des Landes verwiesen werden auf ewige Zeiten."

Beischen Jackel meinte: „Man soll ihnen Fallen stellen wie den Vögeln."

Uris Hans sagte: „Wenn's brennt, was tut man? Löschen. Feuerkübel, Feuerhaken, Feuerleitern, Feuerspritzen her, so ist die Sonne bald gemeistert. Und dem Mond hängt man ein paar Pulversäcke an und sprengt ihn in die Lüfte. Das ist meine Meinung."

Der Bannwart, gefragt, was er meint, sagte: „Mein Gutachten ist dies: Man nehme Büchsen, Pulver und Böller und schieße den Teufel über den Haufen."

Nun kam die Reihe an den Bürgermeister, der sagte: „Mit reifem Bedacht, ist mein folgender Beschluß abgefaßt. Und zwar von der Sonne sag' ich, man solle ein paar Heuwagen voller Schnee dorthin fahren, wo sie durchgeht. Was gilt's, die Hitz' vergeht! Was aber den Mond anlangt, so sag' ich, man soll ein rechtes Feuer aufmachen, so verbrennt er mit Haut und Haar."

Endlich gab der Schultheiß seine Stimme ab und sagte: „Meine wohlsehende Meinung ist, daß wir an zwei Stangen ein Garn ausspannen und heimlich auf den Berg hinlegen. Sobald die Sonne oder der Mond kommt, so heben zwei Mann die Stange auf. So müssen sie mitten durch's Garn, bleiben hängen, und wir haben alle beiden Brotdiebe."

Der Rat des Schultheiß ward von allen gut geheißen. Nur dem Bürgermeister stieg der Zweifel auf, was sie mit Sonne und Mond anfangen sollten, wenn sie's hätten.

Auch dafür wußte der Schultheiß Rat und Auskunft: „Man

läßt zwei Kästen machen mit Fenster und Umhang. Da sperrt man Sonn' und Mond hinein. Bei Tag läßt man die Sonne heraus und bei Nacht den Mond. Und daß auch die ganze Gemeinde den Nutzen habe, so laß' ich alle beiden Kästen auf den Glockenturm hinaufmachen, eines hinten und das andere vorne."

Damit waren die Bauern zufrieden.

Aber des Schultheißen Student, der den Leuten insgeheim zugehört und der wohl wußte, was an Sonne und Mond sei, und daß man sie nicht fangen könne wie etwa ein paar Lerchen oder Nachteulen, lachte sich den Buckel voll, und er dachte bei sich: Das wird einmal wieder ein rechter Schwabenstreich. Ich freue mich schon drauf.

Die Bauern gingen alsbald ans Werk. Feuerleitern wurden herbeigebracht, Feuerspritzen, Feuerkübel, Garn an zwei Stangen und zwei Paar Pelzhandschuh für die, welche die Stange halten sollten. Uris Hans und Peter Enderle sollten die Stange halten; der Bürgermeister hatte den Feuerkübel zur Hand, wenn's etwa brennen sollte; Beischen Jackel hielt die Feuerleiter, und der Schultheiß hatte die Kästen in Bereitschaft.

Als die Sonne kam rief der Schultheiß: „Die Stange in die Höhe! Sie ist unser."

„Nix haben wir", sagte Uris Hans, der gestolpert und gefallen war. „Just wie sie so recht ins Garn sollte, ist sie hinabgewitscht hinter den Berg."

Also standen sie da und hatten nichts. Der Student aber, der das Spektakel mit angesehen hatte, lachte sich heimlich in die Faust und sagte zu ihnen, es hätte nicht fehlen können, wenn der Berg nicht gerutscht wäre, mitsamt der ganzen Erde. Und sie sollten sich nur frisch an den Mond machen, der könne ihnen wohl nicht entkommen.

Um einen gleichen Unfall zu verhindern, holten sie Ketten und Seile und Klammhaken und Nägel und Hammer und Deichelbohrer und Wagenwinden und nagelten den Berg an, mit Pfählen und Bretternägeln. Der Schultheiß und der Bürgermeister sollten diesmal die Stange halten.

Und der Mond kam. Aber er ging hoch über sie hin, und sie konnten ihn nicht fangen, obgleich der Berg nicht rutschte, und die beiden das Garn emporhoben über Manneslänge. Also ist aus dem Mondfang auch nichts geworden.

Der Student aber lachte und sagte, daß der Berg plötzlich eingesunken sei mitsamt der Erde, und sie dürften nur einen Turm bauen, der bis an den Mond reiche, so könne es ihnen nicht fehlen mit dem Fang. Das ließen aber die Bauern bleiben, und darum geht noch heutigentags die Sonne und der Mond über den Aisterberg, und es kann sie niemand daran hindern.

So wird es aus dem Schwabenland berichtet; ob aber, und was daran wahr ist an der Geschichte, kann man nicht so recht sagen, da sie sich vor langen Zeiten begeben haben soll.

Die im Mondschein badenden Jungfrauen

Es lebte einmal ein Jüngling, der nirgends Ruhe hatte, sondern sich abmühte, alle verborgenen Dinge zu erforschen, die anderen Leuten unbekannt geblieben waren.

Als er die Vogelsprache und andere geheime Weisheit genug gelernt hatte, hörte er zufällig, daß unter der Decke der Nacht sich manches zutragen solle, was den Augen Sterblicher zu schauen verwehrt sei. Jetzt sehnte er sich hernach, solche Heimlichkeiten der Nacht zu ergründen, und mochte sich nicht eher zufriedengeben, als bis ihm diese verborgene Kunde gewahr wäre. Wohl ging er eine Zeit lang von einem Zauberer zum anderen, und lag ihnen an, ihm zu seinem Zwecke die Augen zu schärfen, aber keiner konnte helfen.

Da kam er durch einen glücklichen Zufall endlich zu einem Zauberer, der an einer Hand nur drei Finger hatte, und dessen Hut weit auf seine Schultern herabhing. Der wußte über diese verborgenen Dinge Auskunft zu geben, sagte aber warnend: „Söhnlein! Jage nicht allerlei leerer Weisheit nach, welche dir kein Glück bringen kann, wohl aber Unglück. Manches ist den Augen der Menschen verhüllt, weil es dem Frieden des Herzens ein Ende machen müßte, wenn es erkannt würde. Wer alle geheimen Dinge schauen lernt, der findet keine Freude mehr an dem, was ihm die Alltagswelt vor Augen bringt. Dies bedenke, ehe du später bereust. Dennoch will ich, falls du meiner Abmahnung nicht achtest und dein Unglück wünschst, dich unterweisen, wie du die unter der Decke der Nacht geschehenen Dinge gewahr werden kannst. Aber du mußt mehr als Mannesmut haben, sonst kannst du nie geheimer Weisheit inne werden!"

Darauf beschrieb ihm der Zauberer einen Ort und nannte ihm die, zum Glück nahe bevorstehende Nacht, wo der Schlangenkönig immer nach sieben Jahren mit seinem Hofstaat zusammenkommt, um ein großes Festgelage zu halten. „Der Schlangenkönig hat ein Goldschüsselchen mit Himmelsziegenmilch vor sich; wenn es dir gelingt, ein Stückchen Brot in diese Milch zu tunken und den eingetunkten Bissen in den Mund zu stecken, ehe du dich wieder auf die Flucht begibst, so kannst du alles Geheime schauen, was unter der Decke der Nacht geschieht, ohne daß die Menschen Kunde davon haben. Als einen glücklichen Zufall kannst du es ansehen, daß des Schlangenkönigs Fest gerade in dieses Jahr fällt, sonst hättest du sieben Jahre auf die Wiederkehr desselben warten müssen. Sei aber bereit, beherzt und rasch, sonst geht die Sache schief."

Der Jüngling dankte für diese Belehrung und ging mit dem festen Vorsatz, derselben nachzukommen, und müßte er auch dabei sein Leben einbüßen. Als nun die bezeichnete Nacht herangekommen war, ging er abends auf ein großes Moor, wo der Schlangenkönig mit seinen Untertanen zusammenkommen sollte, um das Fest zu feiern. Obwohl aber der Jüngling seine Augen nach allen Seiten scharf umhergehen ließ, sah er im Mondschein nichts weiter, als eine Anzahl Rasenhügel, die unbeweglich dalagen.

Schon wurde ihm die Zeit lang. Mitternacht konnte nicht mehr fern sein, als plötzlich mitten aus dem Moor ein heller Feuerschein aufstieg, als ob ein Stern des Himmels auf einem der Rasenhügel schimmerte. Im selben Augenblicke fingen sämtliche Rasenhügel an zu wimmeln, und von jedem kamen Hunderte von Schlangen herunter und krochen alle auf den Feuerschein zu. Als nun sämtliche Schlangen sich an der Stelle versammelt und sich dort zu einem Haufen zusammengeknäult hatten, war dieser so hoch und breit wie ein kleiner Heuschober geworden, und auf der Spitze desselben hielt sich der helle Feuerschein. Das Gewirre und Geschwirre in dem Schlangenhaufen war so goß, daß der Jüngling vor Furcht keinen Schritt näher zu treten wagte, sondern lange stehen blieb, und das Wunder von weitem betrachtete.

Allmählich aber faßte er sich ein Herz, und ging Schritt für Schritt auf den Zehen vorwärts. Was er da sah, war gräulicher als gräulich, und ging über alle Begriffe. Tausende von Schlangen, groß und klein, von allen Farben, waren hier wie in einem Traubenbündel um eine große Schlange gelagert, deren Körper die Dicke eines tüchtigen Ballens zu haben schien, und die auf dem Kopfe eine prächtige goldene Krone trug, von welcher jener Glanz ausstrahlte. Hunderte und Tausende von Schlangenhäuptern, die aus dem Haufen hervorragten, züngelten und zischten wie böse Gänse und machten ein so arges Geräusch, daß es zum Taubwerden war.

Der Jüngling hatte lange nicht das Herz, an den Schlangenhaufen heranzugehen, wo jeder Augenblick ihm Tod drohte. Als er aber plötzlich das Goldschüsselchen, von dem er gehört hatte, vor dem Schlangenkönig erblickte und an den daran geknüpften Gewinn dachte, durfte er nicht länger zaudern. Obwohl ihm die Haare zu Berge standen und das Blut im Herzen erstarrte, so stachelte ihn doch sein Verlangen und trieb ihn vorwärts. Oh, was für ein Gewirr und Geschwirr sich jetzt in dem Schlangenhaufen erhob! Alle die tausend Köpfe sperrten die Mäuler weit auf und suchten den Jüngling zu stechen, aber zum Glück konnten sie ihre Leiber nicht so schnell aus dem Knäuel wickeln. Der Jüngling hatte blitzschnell einen Bissen Brot in das

Goldschüsselchen getunkt, ihn in den Mund gesteckt und dann Fersengeld gegeben, als ob Feuer hinter ihm drein jagte. Er nahm sich keine Zeit, zurückzuschauen, obgleich ihm war, als ob Tausende von Feinden ihm auf der Ferse wären, und er stets das Geräusch derselben zu hören glaubte. Endlich stockte ihm der Atem und seine Kraft erlahmte. Er fiel ohne Bewußtsein auf den Rasen und blieb starr wie ein Toter liegen. Wohl war er in Schlaf gefallen, aber schreckliche Traumbilder ließen die Gefahr noch viel größer erscheinen. So träumte ihm, der Schlangenkönig mit der funkelnden Goldkrone wäre auf ihn gefallen und wollte ihn verschlingen. Mit lautem Geschrei sprang er auf und zur Seite, um dem Feinde zu entkommen und sah, daß der Strahl der aufgehenden Sonne ihn geweckt hatte.

Er riß die Augen weit auf, sah aber nirgends die nächtlichen Feinde, und das Moor, wo er in so großer Gefahr gewesen, mußte weit entfernt sein. Sicherlich hatte die Himmelsziegenmilch seine Kraft gestählt, daß er so weit hatte laufen können. Als er dann seine Gliedmaßen prüfte, fand er sie unversehrt; und nun war seine Freude groß, mit heiler Haut davongekommen zu sein. Nach Mittag ruhte er mehrere Stunden vom Schrecken und der Ermüdung der vergangenen Nacht aus, dann beschloß er, noch in dieser Nacht in den Wald zu gehen, um den Nutzen der Himmelsziegenmilch zu erproben, ob ihm nun wirklich verborgene Dinge offenbar werden würden.

Im Walde sah er alsbald, was noch kein sterbliches Auge gesehen hatte und auch gewiß nicht wieder sehen wird. Unter den Baumwipfeln zeigten sich goldene, rötlich schimmernde Badebänke, silberne Quäste und silberne Eimer fehlten nicht, aber nirgends waren lebende Wesen sichtbar, welche hätten baden wollen. Der Mond glänzte und gab so viel Licht, daß der Jüngling alles deutlich sehen konnte. Nach einiger Zeit hörte er ein Geräusch im Laub, als ob ein Wind sich erhoben hätte, dann kamen von allen Seiten

nackte Jungfrauen, viel schöner und stattlicher anzuschau-
en, als sie irgendwo in unseren Dörfern aufwachsen. Sie
waren alle des Waldelfen und der Rasenmutter Töchter und
kamen, um im Mondlicht zu baden. Der hinter dem Ge-
büsch spähende Jüngling hätte sich diese Nacht hundert
Augen gewünscht, denn seine zwei konnten all' die Schönheit nicht erschauen. Endlich, als es schon gegen Morgen
ging, verlor der Schauende die badenden Jungfrauen aus
dem Gesicht, als wären sie im Nebel verschwunden. Er
blieb noch, bis die Sonne aufging; dann erst ging er wieder
heim.

Wohl dehnte sich sein Sehnen. Der Tag länger als ein Jahr,
wo wieder Abend und Nacht hereinbrachen, und wo er
hoffte, der im Mondschein badenden Jungfrauen abermals
ansichtig zu werden; doch endlich war auch diese Zeit des
Sehnens verstrichen. Aber er fand die badenden Jungfrau-
en nicht im Wald, obwohl das Licht des Mondes schien.
Dennoch wurde er nicht müde Nacht für Nacht hinzugehen,
aber jeder Gang war vergeblich.

Jetzt nagte der Kummer an ihm, es gab nichts mehr auf
der Welt, was ihm hätte Freude bereiten können; er nahm
weder Speise noch Trank zu sich, sondern verzehrte sich
vor Sehnsucht. Gewiß ist es für den Menschen ein Glück,
wenn er dergleichen Geheimnisse nimmer schaut.

Der Ursprung
des Altweibersommers

Vor langer Zeit erlangte ein frommes Mädchen von unserem Herrgott die Gnade, daß ein Hemd aus dem von ihr gesponnenen Garn seinen Träger unverwundbar mache. Dieses Hemd sollte sie ihrem Bruder schenken, wenn er in den Krieg ziehen müßte.

Als aber das Hemd fertig war, schenkte sie es nicht dem Bruder, sondern ihrem Herzallerliebsten. Dieser aber war von falschem Herzen und führte üble Reden über das Mädchen. Da forderte ihn der Bruder zum Zweikampf heraus. Weil nun der Verleumder das Schutzhemd trug, blieb er unverletzt, der Bruder aber büßte im Kampf das Leben ein. Als die Schwester das erfuhr, starb sie bald darauf in Wahnsinn.

Nach ihrem Tod kam sie nicht in den Himmel, sondern auf den Mond. Dort sitzt sie noch heute und spinnt. Sie kann jedoch keine zusammenhängenden Fäden mehr fertig bringen, sondern nur abgerissene Enden, die im Herbst, vom Kreuztage an, als sogenannte Altweiber- oder Frauensommer auf die Erde fallen und sich an Hut oder Gewand des Wanderers setzen.

Im Mondschein
soll man nicht arbeiten

Eine arme Frau in Brackenheim nährte sich mit Spinnen und war so fleißig, daß sie oft ganze Nächte hindurch an der Kunkel saß. Wenn aber der Mond schien, so steckte sie kein Licht an, sondern spann im Mondschein.

Da trat einmal mit dem Schlage zwölf ein Mann herein und brachte ihr einen ganzen Arm voll Spindeln und sagte: „Wenn du die nicht noch in dieser Nacht voll spinnst, so ist's aus mit dir, und ich werde dich holen."

Da ward es der Frau Angst, aber ein guter Geist gab ihr ein, daß sie die Spindeln nur einmal überspann und so noch zu der bestimmten Stunde fertig wurde. Dieser Mann, welcher der Böse selbst war, kam auch richtig wieder, nahm stillschweigend die Spindeln und ging damit fort. Seitdem hat die Frau nie wieder im Mondschein gesponnen.

In Pfullingen spann einmal eine Frau noch bei Mondschein, um Öl zu sparen. Da trat ein nackter Mann herein und bot ihr den Hintern hin und sagte, daß sie ihn kratzen solle, was sie in der Angst dann auch tat. Darauf ging er fort. Die Frau begab sich dann zu Bette und erzählte ihrem Mann die Geschichte. In der folgenden Nacht blieb der Mann auf, um zu sehen, was geschehen würde. Er hechelte Flachs im Mondschein. Da erschien wieder der nackte Mann. Als er aber seinen Hintern hinhielt, um sich kratzen zu lassen, da nahm der Mann die Hechel zur Hand und kratzte ihn damit recht ordentlich, worauf der nackte Mann fortgegangen und nicht wiedergekommen ist.

Der tote Reiter
im Mondschein

In einer Ortschaft lebte ein Mädchen, dem starb sein Herzallerliebster. Darüber weinte sie bitterlich und fast ohne Unterlaß, und kein Mensch vermochte sie zu trösten. Einmal saß die Trauernde auf der Gassenbank vor ihres Vaters Haus und nähte an einer blauen Schürze.

Sie wollte gerade die Bänder anheften, als plötzlich eine schöne Frau vor ihr stand und sagte: „Laß die Bänder liegen und nähe sie nicht an! Heute um Mitternacht, wenn der Mond auf die Gräber scheint, kommt dein verstorbener Liebster, dich abzuholen. Dann nimm die Schürze und stecke die Bänder einfach in den Rock hinein, damit sie halten!"

Nach diesen Worten verschwand die Fremde, das Mädchen aber beherzigte den Rat.

Um Mitternacht erschien wirklich der Liebste vor dem Fenster des Mädchens, klopfte und forderte die Bangende auf, mit ihm zu gehen. Sie mußte seinem Geheiß folgen, nahm aber die Schürze um und steckte sie mit dem oberen Rand in ihrem Rock fest. Ihr Liebster setzte sie vor sich auf sein Roß, und fort ging es in sausendem Galopp. Der Mond leuchtete ihren Weg. Als sie eine Weile geritten waren, fing der Reiter an zu sprechen:

> „Wie scheint der Mond so hell,
> wie reiten die Toten so schnell!
> Dirndl, fürchtest dich?"

Sie aber entgegnete: „Nein!"

Nach einer Weile sprach er dieselben Worte, dann noch ein drittes Mal, sie aber antwortete immer gleich.

Endlich waren sie zum Friedhof gekommen und ritten hinein. Das fahle Licht des Mondes warf dunkle Schatten. Der

Reiter sprang vom Pferd und riß das Mädchen herab. Dann ging er in sein Grab und wollte seine Liebste mit hinunterziehen. Als er sie aber bei der Schürze faßte, löste sich diese vom Rock. So zog er nur die Schürze zu sich hinab und zerriß das Tuch in tausend Fetzen. Ähnlich wäre es wohl ihr ergangen, wenn sie nicht den Rat der Frau befolgt hätte. Vor Schreck fiel sie zu Boden und blieb liegen.

Als die Leute sie am anderen Morgen vermißten, machten sie sich auf die Suche nach ihr und fanden die unglückliche Braut vor dem Grab ihres Liebsten. Sie staunten nicht wenig über das unheimliche Erlebnis der Trauernden.

In der folgenden Nacht trat die schöne Frau vor das Bett des Mädchens und sprach: „Siehst du, es war dein Glück, daß du mir gefolgt hast. Laß es dir zur Warnung sein und weine ein anderes Mal nicht so viel, wenn eins stirbt! Dein Liebster hat einen schweren Weg machen müssen und dein vieles Weinen hat es für ihn nicht leichter gemacht. Danach verschwand sie und erschien der jungen Frau nie wieder.

Brauchtum und Aberglaube
zum Neumond

Wer im Augenblick des Neumondes geboren ist, ist nicht fortpflanzungsfähig.

Wenn man den Neumond zum erstenmal sieht, soll man ihm drei Kußhände zuwerfen und sagen:
> *„Lieber Mond, sage mir,*
> *wen werd ich haben zum Mann hier",*
und der, von dem man in der darauffolgenden Nacht träumt, ist der Zukünftige.

Bis zum kirchlichen Verbot im Jahre 692 (2. trullanische Synode) war es üblich, an den Neumondnächten vor Wohnungen und Werkstätten Feuer zu entzünden und darüber zu springen.

Gegen Ungeziefer soll man bei Neumond die Zimmer reinigen.

Die Kuh wird im „Drittagneu" - das ist der dritte Tag nach Neumond - zum Farren geführt, dann trägt sie gleich. In anderen Gegenden geschieht dies am ersten Freitag nach Neumond.

Bäume, die während der Neumondzeit gepflanzt wurden, blühen zwar schön, doch tragen sie kaum Früchte, auch das Veredeln und „Putzen" der Bäume sollte in dieser Zeit geschehen.

*Grasmähen soll man nicht vor dem dritten Tag nach Neu-
mond, sonst ist die Heuernte nicht ergiebig. Andererseits
heißt es, der alte Mond sei für die Heuernte günstiger, weil
dieses Heu dem Vieh besser bekommt.*

*Ein Mittel gegen Schwindsucht bei Vieh und Mensch aus
dem 16. Jahrhundert:*

> *„Wenn ein Mensch oder Vieh schweindt (schwindet)*
> *So gib ihm neun läuse ein*
> *drey auf einem bissen brott*
> *Am dag da der Mond drey Tag Alt ist"*

*Die Spartaner weigerten sich vor Neumond in den Krieg zu
ziehen um ihren Verbündeten zu helfen, so kam es manchmal zu vermeidbaren Niederlagen.*

*Getreide bei Neumond gesät, ist vor Insekten geschützt
und am Neumond geerntet, bleibt es vor Krankheiten ver-
schont. Bei zunehmendem Mond geerntet wiegt es allerdings schwerer, weswegen man einen Unterschied machen
soll in dem für den Verkauf und für den Speicher bestimmten Getreide.*

*Jauche soll nur bei „übergehendem" Mond auf das Feld
gefahren werden, ebenso aller anderer Dünger.*

*Beim Mondwechsel soll man nicht säen, sonst verwandelt
sich der Samen; so wird z.B. aus Rübensamen Senf- oder
Kohlsamen.*

Wer den ersten Neumond des neuen Jahres ausgelassen feiert, für den wird das ganze Jahr gut verlaufen.

Wer vor dem Neumond eine Verbeugung macht, der stirbt im selben Monat gewiß nicht.

Der Gruß an den wiederkehrenden Mond ist seit dem 15. Jahrhundert belegt. Man sprach etwa so:

> *„Ich grüße dich, du neues Licht,*
> *hilf für die Zähne und für die Gicht."*
>> *oder*
> *„Guten Abend neuer Schein,*
> *ich klag dir meine Qual und meine Pein."*
>> *oder*
> *„Lieber Mond, ich sehe dich*
> *mit deinen zwei Spitzen*
> *hilf, daß meine Zähne weder reißen noch ritzen,*
> *bis daß ich dich sehe mit drei Spitzen."*

Der erste Tag des Mondes ist schön für alle an ihm in Angriff genommenen Dinge. Handeltreiben, Schiffahrt und über-Land-gehen, Sklavenkaufen, Verträge schreiben, Kinder zum Unterricht geben, Sold empfangen, Grundsteinlegung. Ein Flüchtling wird in wenigen Tagen gefunden. Wer krank zu werden anfing, stirbt schnell. Wer geboren wird, ist aufziehbar, Verlorenes wird gefunden. Ein neugeborenes Kind wird gewandt und leicht veränderlich sein und ein Jäger und groß im Leben; es stirbt jung und auf den Tag seiner Geburt.

Unsichtbar
wie der Neumond

Ein junger Bursche aus Wurmlingen bei Rotten-burg ging einmal in der Karfreitagsnacht - es war gerade der finsterste Neumond - zur Kapelle. Dort grub er auf dem Kirchhof einen Totenkopf aus, füllte ihn mit Erde, steckte drei Erbsen hinein, vergrub den Totenkopf wieder unter dem Dachtrauf der Kapelle und ging dann in die Kapelle hinein, um dort das Glaubensbekenntnis zu beten. Als er so kniete und betete, zogen plötzlich die Geister vie-ler Verstorbener an ihm vorüber. Da befiel ihn große Angst, so daß er mitten in seinem Gebet abbrach und auf und davon lief.

Hätte er sich nicht schrecken lassen und das Glaubensbe-kenntnis zu Ende gesprochen, so hätte er sich mit den Erb-sen im Totenkopf unsichtbar machen können.

Die Wilderer im Rammert und Schönbuch hatten das ehe-dem so im Brauch: Sie haben solche Erbsen in den Mund genommen und sich dadurch in Baumstumpen und ähnli-che Dinge verwandelt, wenn sie plötzlich vom Förster über-rascht worden sind. Nur muß es Neumond sein an Karfrei-tag, damit diese Prozedur gelingt. Denn so unsichtbar wie der Neumond, wird derjenige sein, der sich eine dieser Erbsen unter die Zunge legt.

Das Wassermännle
in der Donau

In der Donau lebte einmal ein Wassermännle. Nun ging dahin immer ein Mädchen, das Bärbele, und wusch dort ihre Wäsche. Jedesmal kam dann das Wassermännle herbeigeschwommen, unterhielt sich mit dem Bärbele, brachte ihr auch allerhand Geschenke, eine Korallenkette und ein Perlenarmband. Das gefiel dem Bärbele sehr wohl.

Eines Tages nun brachte das Wassermännle dem Bärbele einen Ring. Das Bärbele steckte den Ring gleich auf seinen Finger und da rief das Wassermännle: „Du hast meinen Ring angenommen, jetzt bist du meine Braut, und in sieben Wochen werde ich kommen und dich heiraten, und du mußt dann zu mir in die Donau hinab."

Jetzt war die Not groß. Das Bärbele weinte, es wollte nicht in die Donau hinab und das Wassermännle wollte es auch nicht zum Manne, denn er war ein häßlicher Kerl. Außerdem hatte er wie alle Wassermänner, die Füße nach hinten und nicht nach vorne wie wir Menschen.

So einen wollte das Bärbele wirklich nicht. Und alle überlegten, wie man dem Bärbele helfen könne, aber keiner wußte Rat.

Nun fehlten nur noch drei Tage zu den sieben Wochen. Da sprach das Wassermännle: „Wenn du in drei Tagen meinen Namen weißt, brauchst du mich nicht zu heiraten und mußt nicht zu mir in die Donau."

Bei sich aber dachte er, die bringt doch nicht heraus, wie ich heiße.

Nun lebte am Ende des Dorfes eine alte Frau, die wußte mehr als andere Leute. Viele hielten sie auch für eine Hexe. Zu der ging das Bärbele in ihrer Not, um Rat zu holen.

Als die Alte alles gehört hatte, sprach sie: „Es ist gut, daß heute Neumond ist, denn nur in diesen Nächten erscheinen die Wassermännle um zu singen. Geh, wenn es dunkel ist, an die Donau. Verstecke dich dort in den Weiden und wenn die Uhr zwölf Uhr geschlagen hat, merke gut auf, was auf der Donau passiert."

Als es nun dunkel war, ging das Bärbele zur Donau und versteckte sich in dem Weidengebüsch. Die Uhr schlug zehn, sie schlug elf und sie schlug zwölf. Als der letzte Schlag verklungen war, hörte das Bärbele wie es auf der Donau plitscherte und platscherte. Und sie hörte, das Wassermännle singen:

> „Oh, oh, oh, wie gut,
> daß des Bärbele net weiß,
> daß i Konrädle heiß."

Da fiel dem Bärbele ein Stein vom Herzen und es ging fröhlich nach Hause.

Am nächsten Morgen kam das Wassermännle, angezogen wie ein Bräutigam, und hatte einen Rosmarinstrauch am Frack.

„Gell", rief er, „du weißt nicht, wie ich heiße!"

„Freilich weiß ich das", sprach das Bärbele. „Du bist das Konrädle."

Da wurde das Wässermännle böse. Es stampfte mit dem Fuß auf den Boden und rief: „Du bist doch eine Hexe, daß du das herausgebracht hast!"

Dann lief es zornig fort, schwamm die Donau hinab und wohnt jetzt im Schwarzen Meer.

Die Hexen
in der Neumondnacht

Auf der Schwäbischen Alb lebte einmal ein altes Ehepaar. Der Mann war überall beliebt, aber die Frau war etwas sonderbar und deshalb war das ganze Dorf überzeugt, daß sie eine Hexe sei. Auch der Mann glaubte es, denn zu bestimmten Zeiten, immer an Neumond, verschwand seine Frau abends und kehrte erst am Morgen zurück. Sie erzählte ihm aber nie, wo sie gewesen war. Eines Tages sagte der Mann zu seiner Frau: „Die Leute sagen, du seiest eine Hexe."

Das Herz wollte ihm schier stillstehen vor Schreck, als seine Frau ganz fröhlich sprach: „Natürlich bin ich eine Hexe, und wenn du mir versprichst, es niemandem weiterzuerzählen, berichte ich dir von meinem nächsten Hexenausflug alles."

Er mußte auch nicht lange warten, denn in der folgenden Woche war Neumond und jeder weiß ja, daß der Neumond die Zeit der Hexen ist.

Seine Frau erzählte ihm am nächsten Morgen: „Ich habe mich mit meinen Hexenfreundinnen auf dem Heuberg getroffen. Und dort hat uns ein schwarzer Geisbock auf dem Dudelsack Musik gemacht. Dazu haben wir Frauen getanzt und getanzt. Die ganze Nacht, so daß wir beim ersten Hahnenschrei kaum heimreiten konnten."

Der Alte aber brummte: „Was habt ihr bloß von dem Getanze? Da hättet ihr es daheim in euren Betten schöner gehabt."

Nach der nächsten Neumondnacht erzählte sie ihm: „Dieses Mal sind wir auf unseren Besen ins Elsaß geritten und haben mit den dortigen Hexen auf dem Bastberg ein Fest gefeiert. Von ihnen haben wir neue Hexenkünste gelernt, vor denen alle Riegel zurückfallen und alle Ketten gesprengt werden."

Der Alte aber brummte wieder: „Was habt ihr denn bloß im Elsaß zu suchen? Daheim in euren Betten hättet ihr es schöner gehabt."

Nach der nächsten Neumondnacht aber hörte der Alte aufmerksam zu, denn dieses Mal erzählte ihm seine Frau: „Meine Freundinnen und ich, wir haben uns auf dem Kreuzweg getroffen. Eine von uns hatte gehört, daß der Bischof in Rottenburg ein paar Fässer guten Weines im Keller hat. Auf unseren Besen sind wir nach Rottenburg geritten. Wir sprachen die Zauberworte, die wir im Elsaß gelernt haben. Die Riegel sind zurückgefallen, die Schlösser haben sich geöffnet, und wir sind in den Keller gegangen und haben von dem Wein getrunken. Aber nicht zuviel, denn wir wußten ja, daß wir noch vor dem Morgen zurückreiten mußten."

Da sprang der Alte auf, denn er trank auch gerne guten Wein, aber er hatte kaum Gelegenheit, einen zu trinken. Er rief: „Du bist wirklich ein Weib, auf das man stolz sein kann. Nimm mich mit in den Keller des Bischofs und erzähle mir die Zauberworte, mit denen ich verschlossene Türen öffnen kann."

Doch seine Frau sprach: „Gib dich zufrieden, Alter. Die Männer können ihre Zunge nicht hüten. Was wäre, wenn ich dir die Zauberworte sagen würde. Du würdest sie deinen Freunden weitererzählen, und die ganze Welt würde in Unordnung geraten, weil ihr Männer alle nur noch durch die Lüfte reitet und von dem nehmt, wonach es euch gerade gelüstet."

Der Alte aber war schlau. Er versteckte sich nun bei dem Kreuzweg und siehe, als es wieder Neumond war, hörte er die Frauen kommen. Die nahmen ihre Besen zwischen die

Beine, sprachen Zauberworte und ritten durch die Lüfte davon. Flugs nahm der Alte einen Stecken, den er mitgebracht hatte zwischen die Beine, sprach die Zauberworte nach, die er gerade gehört hatte und im Hui ritt er den Weibern nach, wie ein gelernter Zauberer.

Da Hexen auf ihren Besen immer geradeaus schauen und sich nie umwenden, bemerkten sie ihren Begleiter erst im Keller des Bischofs, als er mitten unter ihnen saß. Die Hexen waren nun überhaupt nicht erfreut, aber nun saß er schon da, also ließen sie ihn wo er war.

Nun waren die Weiber alt und weise. Die wußten, daß sie wieder heimreiten mußten, wenn der Tag graute. Und so tranken sie mit Genuß, aber mit Vorsicht von diesem Faß einen Schluck und von jenem und von dem dritten. Der Alte aber war nicht so klug, er trank und trank und soff und soff, bis er besinnungslos niederfiel. Als der Tag graute, standen die Weiber auf, um auf ihren Besen wieder davonzureiten.

Seine Frau blickte zornig auf ihn hinunter und sprach: „Das ist die gerechte Strafe für deine Nasenweis."

Am Mittag kamen die Diener des Bischofs. Sie wollten für ihren Herrn Wein holen. Da wären sie beinahe über den Alten gestolpert. Sie rüttelten ihn wach und fragten, wie er denn in den Keller gekommen sei. Der sei doch verriegelt. Dem Alten tat dieses Wachrütteln gar nicht gut und so sprach er immer nur, er sei mit einer Schar Weiber durch die Lüfte geritten, die hätten Zauberworte gesprochen. Jetzt sei er im Keller.

Da schleppten ihn die Diener vor ihren Herrn, den Bischof. Und dies war die Zeit, als die Bischöfe noch Angst hatten vor den Weibern. Als er die Geschichte vernahm, verurteilte er den Alten zum sofortigen Tod auf dem Scheiterhaufen.

Jetzt wäre der Alte froh gewesen, wenn er zuhause im Bett gelegen wäre, denn schon leckten die Flammen an ihm herauf. Da erschien, zum Staunen der Zuschauer, ein grauer Vogel in den Lüften. Der setzte sich dem Alten auf die Schulter und krächzte ihm etwas ins Ohr. Dem Alten aber kam dieses Krächzen wie die schönste Musik vor. Es war die Stimme seiner Frau, die ihm die nötigen Zauberworte ins Ohr krächzte. Schnell sprach er sie nach und verwandelte sich zum Erstaunen der Zuschauer auch in einen grauen Vogel, der pfeilschnell davonflog, ohne sich zu verabschieden.

Von nun an hütete der Alte sich, den Hexenkünsten seiner Frau nachzuspionieren. Da sie aber ein gutes Weib war, brachte sie ihm in jeder Neumondnacht, wenn sie im Keller des Bischofs war, einen Krug Wein mit.

Aberglauben und Brauchtum
zum Vollmond

Erblickt eine junge Frau den ersten Vollmond nach ihrer Heirat im Freien, so bedeutet das Glück; andernfalls zerschlägt sie viel Geschirr und bringt so Unfrieden in die Ehe.

Wird ein Verstorbener bei Vollmond begraben, so nimmt er den Segen aus dem Haus.

Butter soll man im Vollmond kochen; bei zunehmendem Mond gekocht, läuft sie über den Topf, bei abnehmendem gekocht, ist sie nachher zu schnell verbraucht.

Betten soll man in der Vollmondzeit füllen.

Gewöhnlich ist der dritte Tag vor Vollmond und der dritte Tag nach Vollmond der beste Tag, die neugeborenen Kälber an die Zitzen der Mutterkuh anzusetzen.

Hanf muß bei Vollmonde gesät werden.

Zwiebeln bei Vollmond zu säen wird teils für richtig gehalten, denn dann werden sie dick und rund, andererseits besteht dann aber auch die Gefahr, daß sie ins „Kraut" schießen.

Ernten soll man nur bei Vollmond. Vor allem bei Honig ist dies anzuraten.

Bei Vollmond behackt man Kartoffeln, bei zunehmendem schneidet man Reben, erntet man Obst, schneidet Hecken, bleicht Garn; bei abnehmendem Mond werden Nesseln zum Trocknen geschnitten.

Bei Vollmond soll die Wünschelrute geschnitten werden, das macht sie weitaus wirkungsvoller in ihrer Anwendung.

Schätze heben sich alle sieben Jahre im Vollmond.

Bei Vollmond oder zunehmendem Mond sollen alle Blumen gepflanzt werden, deren Blüten recht gefüllt sein sollen. Wenn man jedoch bei Vollmond eine Blume berührt, so welkt sie.

Derjenige Monat, in dem zweimal der Vollmond eintritt, soll Mäuseplagen mit sich bringen.

Johann W. v. Goethe läßt seinen Mephisto ein Rezept gegen Sommersprossen aufsagen:

> *„Nehmt Froschlaich, Krötenzungen kohobiert*
> *In vollstem Mondlicht sorglich destilliert,*
> *Und wenn er abnimmt, reinlich aufgestrichen -*
> *Der Frühling kommt - die Tupfen sind entwichen.“*

In der Aufklärung wurde der Mondglaube ironisch in den vielfältigen Geschichten von den Mondfängern angegriffen. Mondfängerei betreiben wollen, heißt nach diesen Geschichten, ausgesprochen dumm sein. Ursprünglicher Kern der Erzählung ist wohl die Warnung vor der von Zauberern

und Hexen geübten Kunst, den Mond auf die Erde herabzuziehen, um sich seiner zu magischen Zwecken zu bedienen.

Ursprünglich ein schwerer Vorwurf, wird der Name „Mondfänger" schließlich eine Bezeichnung der Dummheit; der Volksmund belegte mit ihm ganze Dörfer, um die Schildbürgergesinnung ihrer Bewohner anzuprangern.

Eine dieser unzähligen Varianten erzählt von den Ebelsbrunnern, die einst den aufgegangenen Mond dicht am Berge stehen sahen. Da holten sie Stangen, um ihn herunterzuschlagen und es entstand folgendes Spottlied:

> „In Ebelsbrunn,
> sind's hammeldumm.
> Nehm' se lange Stang,
> Woll'n den Mond einfang."

Der gefangene Mond

So erzählte die Ahne oft, wenn der Vollmond am Nachthimmel stand: Eine junge Magd holte sich einmal aus Unachtsamkeit, zum Ansetzen des Brotteigs, Wasser aus einem vom vollen Mond beschienenen Brunnen.

Als sie die Laibe geformt hatte und die Backstube eingeheizt war, brach der Mühlbach aus seinem Bett. Er ist durch den Backofen gedrungen und hat gerade den Laib mit herausgerissen, in den die Magd den Mond hineingebacken hatte.

Wie nun der Laib einige Zeit auf dem Wasser schwamm, weichte er auf, und der Mond schaute heraus. Sogleich entstand ein starker Nebel und hob das Gestirn wieder an den Himmel empor.

Der Mond auf Zechtour

**V**or langer, langer Zeit stand der Mond immer voll und rund am Himmel,

Nun aber war einmal eine Nacht im Herbst, und es war neblig und trüb und Frau Holle schob ihre dicksten Wolken über das Himmelszelt. Da bekam der Mond Lust, auf die Erde zu gehen. Nun war es gerade die Zeit, in der auf den Dörfern Kirchweih gefeiert wurde. Der Mond kam in das erste Dorf. Er betrat ein Wirtshaus in dem schon zünftig gefeiert wurde. Er zechte und trank mit den Leuten und die Stimmung wurde immer ausgelassener. Nach ein paar

Stunden dachte der Mond, daß es jetzt vielleicht Zeit wäre, an den Himmel zurückzukehren. Doch da luden ihn einige der Zechbrüder ein, mit ihnen in das nächste Wirtshaus zu gehen. Da vergaß der Mond seinen Vorsatz und kehrte mit ihnen in das nächste Wirtshaus ein.

Dort war die Stimmung noch ausgelassener. Unaufhörlich kreiste der Weinkrug, und die Leute fingen an zu singen. Sie sangen auch Lieder in denen der Mond gelobt wurde. Dies gefiel diesem ausnehmend gut. Da vergaß er alles. Er vergaß, daß er schon längst zum Himmel hätte zurückkehren müssen, er dachte auch nicht mehr daran, daß Frau Holle die Wolken vielleicht wieder zur Seite geschoben hatte, und er dachte erst an seine Rückkehr, als der Tag graute.

Da schlich er beschämt zum Himmel zurück. Er hoffte unerkannt an seinen Platz zu gelangen. Doch Sankt Petrus erwartete ihn schon an der Himmelstür und sprach zornig: „Du Herumtreiber und Trinker! Du sollst sofort zum Herrgott kommen."

Als nun der Mond vor Gott stand sprach dieser: „Zur Strafe, weil du so deine Pflicht vergessen hast, wirst du nur immer einmal im Monat am Himmel stehen. Dann sollst du abnehmen, bis man dich kaum mehr sieht, und in den folgenden Nächten ganz langsam zunehmen."

Seit dieser Zeit haben wir nur einmal im Monat Vollmond.

Der Müller
und die Nixe

Es war einmal ein Müller, der war reich an Geld und Gut und führte mit seiner Frau ein vergnügtes Leben. Aber Unglück kommt über Nacht; der Müller wurde arm und konnte zuletzt kaum noch die Mühle, in der er saß sein eigen nennen. Da ging er am Tag vor lauter Kummer umher, und wenn er abends sich niederlegte, fand er keine Ruhe, sondern erwachte die ganze Nacht in traurigen Gedanken. Eines Morgens stand er früh vor Tage auf und ging ins Freie; er dachte, es solle ihm leichter ums Herz werden. Als er nun auf dem Damm an seinem Mühlteiche sorgenvoll auf und nieder ging, hörte er es auf einmal im Weiher rauschen, und als er hinsah, da stieg eine weiße Frau daraus empor. Da erkannte er, daß es die Nixe seines Weihers sein müsse und vor großer Furcht wußte er nicht, ob er davon gehen, oder stehen bleiben sollte. Indem er so zauderte, erhob die Nixe ihre Stimme, nannte ihn beim Namen und fragte ihn, warum er so traurig wäre? Als der Müller die freundlichen Worte hörte, faßte er sich ein Herz und erzählte ihr, wie er sonst so reich und glücklich gewesen wäre und jetzt sei er so arm, daß er sich vor Not und Sorge nicht zu raten wisse. Da redete ihm die Nixe mit tröstlichen Worten zu und versprach ihm, sie wollte ihn noch reicher machen, als er je gewesen sei, wenn er ihr dagegen das gebe, was eben in seinem Hause geboren sei. Der Müller dachte, sie wolle ein Junges von seinem Hund oder seiner Katze haben, sagte ihr also zu, was sie verlangte und eilte guten Mutes zu seiner Mühle. Aus der Haustür trat ihm seine Magd entgegen und rief ihm zu, seine Frau habe soeben einen Knaben geboren. Da stand nun der Müller und konnte sich über die Geburt seines Kindes, die er nicht sobald erwartet hatte, nicht freuen.

Traurig ging er ins Haus und erzählte seiner Frau und seinen Verwandten, was die Nixe gelobt hatte.

„Mag doch alles Glück, das sie mir versprochen hat, verfliegen", sprach er, „wenn ich nur mein Kind retten kann."

Aber niemand wußte einen Rat, als daß man das Kind sorgfältig in acht nehmen müsse, damit es niemals dem Weiher zu nahe käme.

Der Knabe wuchs fröhlich heran und unterdessen kam der Müller nach und nach zu Geld und Gut, und es dauerte nicht lange, so war er reicher als er je gewesen war. Aber er konnte sich seines Glückes nicht recht freuen, da er immer seines Gelübdes gedachte und fürchtete, die Nixe werde über kurz oder lang auf die Erfüllung dringen. Jahr auf Jahr verging, der Knabe wurde groß und lernte die Jägerei, und weil er ein schmucker Jäger war, nahm ihn der Herr des Dorfes in seine Dienste, und der Jäger freite sich ein junges Weib und lebte friedlich und in Freuden.

Einstmals verfolgte er auf der Jagd einen Hasen, der endlich auf das freie Feld ausbog. Der Jäger setzte ihm eifrig nach und streckte ihn mit einem Schusse nieder. Sogleich machte er sich ans Ausweiden und achtete nicht darauf, daß er sich in der Nähe eines Weihers befand, vor dem er sich von Kind auf hatte hüten müssen. Mit dem Ausweiden war er bald fertig und ging nun an das Wasser, um seine blutigen Hände zu waschen.

Kaum hatte er sie in den Weiher getaucht, als die Nixe emporstieg, ihn mit nassen Armen umfing, und mit sich hinabzog, daß die Wellen über ihm zusammenschlugen.

Als der Jäger nicht heimkehrte, geriet seine Frau in große Angst, und als man nach ihm suchte und am Mühlteiche seine Jagdtasche liegen fand, da zweifelte sie nicht mehr daran, wie es ihm ergangen sei. Ohne Rast und Ruhe irrte sie an dem Weiher umher und rief wehklagend Tag und Nacht ihren Mann. Endlich fiel sie vor Müdigkeit in einen Schlaf, darinnen sie träumte, wie sie durch eine blühende Flur zu einer Hütte wanderte, worin eine Zauberin wohnte, die ihr ihren Mann wieder herbeizuschaffen versprach. Als sie am Morgen erwachte, beschloß sie der Eingebung zu folgen und die Zauberin aufzusuchen. So wanderte sie aus und kam bald zur blühenden Flur und dann zu der Hütte, worin die Zauberin wohnte. Sie erzählte ihren Kummer, und daß ein Traum ihr Rat und Hilfe von ihr versprochen habe. Die Zauberin gab ihr zum Bescheid, sie solle bei Vollmond an den Weiher gehen und dort mit einem goldenen Kamm ihre schwarzen Haare strählen und dann den Kamm ans Ufer legen. Die junge Jägersfrau beschenkte die Zauberin reichlich und begab sich auf den Heimweg.

Die Zeit bis zum Vollmond verging ihr langsam; als es aber endlich Vollmond war, ging sie zum Weiher und strählte sich mit dem goldenen Kamm ihre schwarzen Haare und als sie fertig war, legte sie den goldenen Kamm am Ufer nieder und sah dann ungeduldig ins Wasser. Da rauschte es und brauste es aus der Tiefe und eine Welle spülte den goldenen Kamm vom Ufer und es dauerte nicht lange, da hob ihr Mann den Kopf aus dem Wasser und sah sie traurig an. Aber bald kam wiederum eine Welle gerauscht und der Kopf versank, ohne ein Wort gesprochen zu haben. Der Weiher lag wieder ruhig wie zuvor und glänzte im Mondschein und die Jägersfrau war um nichts besser dran als vorher.

Trostlos durchwachte sie Tage und Nächte, bis sie wieder ermüdet in Schlaf sank, und derselbe Traum, der sie an die Zauberin gewiesen hatte, wieder über sie kam. Abermals ging sie am Morgen nach der blühenden Flur und nach der Hütte und klagte der Zauberin ihren Kummer.

Die Alte gab ihr zum Bescheid, sie solle bei Vollmond an den Weiher gehen, auf einer goldenen Flöte blasen und dann die Flöte ans Ufer legen.

Als es Vollmond geworden war, ging die Jägersfrau zum Weiher, blies auf der goldenen Flöte und legte sie dann ans Ufer. Da rauschte es und brauste es aus der Tiefe und eine Welle spülte die Flöte vom Ufer. Bald hob der Jäger den Kopf über das Wasser und tauchte immer höher empor, bis über die Brust, und breitete die Arme nach seiner Frau aus. Da kam wieder eine rauschende Welle und zog ihn in die Tiefe zurück. Die Jägersfrau hatte voller Freude und Hoffnung am Ufer gestanden und versank in tiefer Gram, als sie ihren Mann in dem Wasser verschwinden sah.

Aber zum Trost erschien ihr wiederum der Traum, der sie zu der blühenden Flur und zu der Hütte der Zauberin verwies. Die Alte gab diesmal den Bescheid, sie solle, sobald es Vollmond sein werde, an den Weiher gehen, dort auf einem goldenen Rädchen spinnen und dann das Rädchen ans Ufer stellen.

Als der Vollmond kam, befolgte die Jägersfrau das Geheiß, ging an den Weiher, setzte sich nieder, spann auf einem goldenen Rädchen und stellte dann das Rädchen ans Ufer. Da rauschte es und brauste es aus der Tiefe, und eine Welle spülte das goldene Rad vom Ufer, und bald hob der Jäger den Kopf aus dem Wasser und stieg immer höher empor, bis er endlich an das Ufer stieg und seiner Frau um den Hals fiel. Da fing das Wasser an zu rauschen und brausen und überschwemmte das Ufer weit und breit und riß beide, wie sie sich umfaßt hatten, mit sich hinab. In ihrer Herzensangst rief die Jägerin den Beistand der Alten an, und auf einmal war die Jägerin in eine Kröte und der Jäger in einen Frosch verwandelt. Aber sie konnten nicht beisammen bleiben, das Wasser riß sie nach verschiedenen Seiten hin. Als die Überschwemmung vergangen war, da waren zwar beide wieder zu Menschen geworden, aber der Jäger und die Jägerin waren jedes in einer fremden Gegend und sie wußten nichts voneinander.

Der Jäger entschloß sich als Schäfer zu leben, und auch die Jägerin ward eine Schäferin. So hüteten sie lange Jahre ihre Herden, eines vom andern entfernt.

Einstmals trug es sich zu, daß der Schäfer dahin kam, wo die Schäferin lebte. Die Gegend gefiel ihm und er sah, daß sie recht fruchtbar war. Er brachte also seine Schafe dorthin und hütete sie wie zuvor. Schäfer und Schäferin wurden gute Freunde. Aber sie erkannten einander nicht.

An einem Abend saßen sie im Vollmond beieinander, ließen ihre Herden grasen und der Schäfer blies auf seiner Flöte. Da gedachte die Schäferin jenes Abends, wo sie am Weiher bei Vollmond auf der goldenen Flöte geblasen; sie konnte nicht länger halten und brach in lautes Weinen aus.

Der Schäfer fragte sie, was sie so weine und klage, bis sie ihm erzählte, was ihr alles wiederfahren sei.

Da fiel es wie Schuppen von den Augen des Schäfers, er erkannte seine Jägerin und gab sich ihr zu erkennen. Nun kehrten sie fröhlich in ihre Heimat zurück und lebten zusammen ungestört und in Frieden.

Es lebte einmal ein Mann, der hatte auf seinem Hause einen schönen geräumigen Söller, von welchem aus man sich einer herrlichen Aussicht über der Stadt, in welcher er wohnte, und in deren ganzen Umgegend erfreute. Nahe diesem Söller war im Sommer des Mannes Schlafgemach, und es führte aus diesem eine Glastüre heraus auf das mit Blumentöpfen und kleinen Bäumen geschmückte Belveere.

In einer wunderlichen Sommernacht, in welcher der volle Mond prachtvoll schien, und der Himmel voller Sterne stand, erwachte jener Mann von himmlischen Tönen, die ganz in seiner Nähe erklangen. Er erhob sich von seinem Lager und sah durch eine Scheibe des Glasfensters hinaus auf seinen Söller. Da erblickte er mit großem Erstaunen eine Gesellschaft schöner Damen, teils in weißen, teils in farbigen und dunklen Kleidern, alle von angenehmstem Äußeren. Die saßen um eine Tafel herum, welche gewöhnlich auf dem Söller stand, und sangen mit lieblichsten Stimmen einen Rundreim, welcher lautete:

„Wir trinken hier viel süßeren Wein,
Als Burgunderwein,
Als Champagnerwein,
Wir trinken den klaren Mondenschein."

Indessen schien diese zarte Gesellschaft auch einige leibliche Erquickung nicht zu verschmähen, mindestens sah der Mann, daß die Frauengesellschaft auch irdischen Wein und feinste Speisen genoß. Er konnte sich, da er ein Hagestolz war, und außer alter Dienerschaft sein Haus ganz alleine bewohnte, gar nicht denken, wer diese vielen Frauen und Fräulein waren und woher sie in aller Welt gekommen seien, und weshalb gerade zu ihm herauf?

Es deutete ihm endlich ein hübscher Traum zu sein, aber dagegen sprach, daß er sich doch lebhaft wach fühlte, und so gedachte er bei sich: Ich bin doch der Herr des Hauses, ich habe ein Recht, in diese Gesellschaft zu treten, da werde ich ja gleich hören, welche seltsame Veranlassung sie zu mir heraufführt.

So klinkte der Mann die Glastüre auf, und trat unbefangen mit freundlichem Gruß zu den Damen heraus.

Diese erhoben sich bei seinem Anblick alsbald alle von ihren Sitzen, und ein artiges junges Mädchen in einem schneeweißen Kleide, mit blondem Haare, rostrotem Mündchen und hellen Händchen trat auf ihn zu und sprach: „Verzeihet gütigst, edler Herr, die Freiheit, die wir uns genommen, diese schöne Mainacht auf Eurem Söller zu feiern, und nehmt es nicht für ungut, wenn vielleicht unser Gesang Euren Schlummer gestört hat. Gesellt Euch zu uns, nehmt Platz, nehmt Kuchen, nehmt Wein!"

Der Mann wußte nicht, wie ihm geschah. Das liebliche Geplauder der holdseligen Fräuleins schnitt ihm alle Fragen vom Munde ab. Er setzte sich mit an die runde Tafel, ließ sich nicht ungern ein Gläschen Sekt kredenzen, und da er mit ihnen trank, sangen die Damen ihren Reim ein wenig verändert:

„Wir trinken den allerköstlichsten Wein,
Burgunderwein!
Champagnerwein!
Und den klaren, klaren Mondenschein!"

Das weißgekleidete Mägdlein schmiegte sich mit großer Zutraulichkeit an den Mann, wie eine junge Tochter an den Vater, den sie liebt, und bot ihm nun auch von dem Kuchen an.

Auch von diesem nahm er, doch wollte er ihm nicht recht munden, es fehlte ihm etwas, und er sagte daher: „Verehrte Damen! Dürfte ich sie wohl in Gottes Namen um ein wenig Salz bitten?"

Kaum waren die Worte gesprochen, als plötzlich der Mann an der Stelle des lieblichen Gesanges ein wildes Durcheinander von Katzenstimmen hörte, für deren zarten, melodischen und unvergleichlichen Wortlaut den plumpen Menschen das Ohr gänzlich verschlossen ist, und ihnen kein Sinn innewohnt. Im selben Augenblick erblickte er, daß die ganze Frauengesellschaft zu Katzen geworden war, darunter seine eigene, welche eben das schöne weiße Fräulein an seiner Seite gewesen war.

Der Mann sah die Katzen nach allen Seiten hin vom Söller auf die Dächer springen, schnell über die Firste laufen, und ehe er sich's versah, war alles, samt Gläsern, Tellern, Wein und Kuchen verschwunden, bis auf das Stückchen Kuchen, das er in der Hand hielt, und das nichts war, als ein Restchen altbackener Matzen.

Seine eigene Katze war durch das Fenster der Söllertüre in sein Schlafgemach geflüchtet, in das er nun ebenfalls sehr erbost zurückschritt, und nach einem spanischen Rohre griff, die so schön geübte Gastfreundschaft mit Undank zu vergelten. Als nun der Mann mit dem Prügel unter sein Bett fuhr, fauchte und schrie die weiße Katze furchtbar, sprang hervor, und durch das Fenster hinaus auf den Söller, auf ein Dach und kam niemals wieder.

Als der Mann, was ihm mit seiner Katze begegnet war, nun häufig seinen Freunden erzählte, und ihnen dazu jedesmal den Reim vorsang sowie allen Katzen Vertilgung zuschwor, lachten diese viel über ihn und nannten ihn spottweise Klare Mond und Katzenherodes bis an sein Ende.

Der weiße Wolf

Ein König ritt jagen in einem großen Wald, darinnen er sich verirrte, und mußte manchen Tag wandern und manche Nacht, fand immer nicht den rechten Weg und mußte Hunger und Durst leiden. Endlich begegnete ihm ein kleines schwarzes Männlein, das fragte der König nach dem rechten Weg.

„Ich will Dich wohl führen und geleiten", sagte das Männlein. „Aber du mußt mir auch etwas dafür geben. Du mußt mir das geben, was dir aus deinem Haus zuerst entgegenkommt."

Der König war froh, und sprach unterwegs: „Du bist recht brav, Männchen; wahrlich und wenn mein bester Hund mir entgegenlief, so wollte ich ihn dir doch gern zum Lohne geben."

Das Männlein aber erwiderte: „Dein bester Hund, den mag ich nicht, mir ist was andres lieb."

Wie sie nun beim Schlosse ankamen, da sah des Königs jüngste Tochter durchs Fenster ihren Vater geritten kommen und sprang ihm fröhlich entgegen. Als sie ihn aber in die Arme schloß, sprach er: „Ei, wollt ich doch, daß mir lieber mein bester Hund entgegengekommen wäre!"

Über diese Rede erschrak die Königstochter gar sehr, weinte und rief: „Wie das, mein Vater? Ist dir dein Hund lieber denn ich, und sollte er dich froher willkommen heißen?"

Aber der König tröstete sie und sagte: „Ach, liebe Tochter, so war es ja nicht gemeint!" und erzählte ihr alles.

Sie aber blieb ganz standhaft und sagte: „Es ist besser so, als daß mein Vater umgekommen wäre im wilden Walde."

Und nach acht Tagen, da kam ein weißer Wolf in das Schloß, und die Königstochter mußte sich auf seinen Rücken setzen, und da ging's durch dick und dünn, bergauf und ab, und die Königstochter konnte das Reiten auf dem Wolf nicht aushalten, und fragte: „Ist's nicht weit?"

„Schweig! Weit, weit ist's noch zum gläsernen Berge. Und schweigst du nicht, so werfe ich dich herunter!"

Nun ging es weiter so fort, bis die arme Königstochter wieder zagte und klagte und fragte, ob es noch weit sei? Und da sagte ihr der Wolf die nämlichen drohenden Worte, und rannte immerfort, immer weiter, bis sie zum dritten Male die Frage wagte, da warf er sie auf der Stelle von seinem Rücken herunter und lief davon.

Nun war die arme Prinzessin ganz alleine im finsteren Walde, und ging und ging und dachte, endlich werde ich doch einmal zu Leuten kommen. Und sie kam an eine Hütte, da brannte ein Feuerchen und daran saß ein altes Waldmütterchen, das hatte ein Töpfchen auf dem Feuer.

Und da fragte die Königstochter: „Mütterchen, hast du den weißen Wolf nicht gesehen?"

„Nein, da mußt du den Wind fragen, der treibt sich überall herum. Aber bleibe erst noch ein wenig hier. Ich koche hier ein Hühnersüppchen."

Das tat die Prinzessin, und als sie gegessen hatten, sagte die Alte: „Nimm die Hühnerknöchelchen mit dir, du wirst sie gut gebrauchen können." Dann zeigte die Alte ihr den rechten Weg nach dem Winde.

Als die Königstochter bei dem Winde ankam, fand sie ihn auch am Feuer sitzen und eine Hühnersuppe kochen, aber auf die Frage nach dem weißen Wolf antwortet er ihr: „Liebes Kind, ich habe ihn nicht gesehen. Ich bin heute einmal nicht gegangen, und wollte mich einmal hübsch ausruhen. Frag die Sonne, die geht alle Tage auf und unter. Aber erst mache es wie ich, ruhe aus, und iß mit mir, danach kannst du auch alle Hühnerknöchelchen mit dir nehmen. Du wirst sie gut brauchen können."

Als dies geschehen war ging die Kleine zur Sonne, und es ging da gerade wie beim Winde, die Sonne kochte sich gerade eine Hühnersuppe, hatte den weißen Wolf auch nicht gesehen und lud die Prinzessin zum Mitessen ein. „Du mußt den Mond fragen, denn wahrscheinlich läuft der weiße Wolf nur des nachts, und da sieht der Mond alles."

Als nun die Königstochter mit der Sonne gegessen und die Knöchlein aufgesammelt hatte, ging sie weiter und fragte den Mond. Auch er kochte Hühnersuppe und sagte: „Es ist fatal, ich habe letzte Nacht nicht gescheint, oder bin zu spät aufgegangen. Ich weiß gar nichts von dem weißen Wolf."

Da weinte das Mädchen und rief: „O Himmel, wen soll ich denn nun fragen?"

„Nun, nur Geduld mein Kind", sagte der Mond. „Vor dem Essen soll man nicht klagen. Setz dich, iß die Hühnersuppe mit mir und nimm auch die Knöchelchen mit, du wirst sie wohl brauchen. Etwas Neues weiß ich doch. Im gläsernen Berg hält das schwarze Männchen heute Hochzeit. Der Mann im Mond ist auch dazu eingeladen."

„Ach, der gläserne Berg! Dahin wollte ich ja eben, dahin hat mich ja der weiße Wolf tragen sollen!" rief die Königstochter.

„Nun bis dorthin kann ich dir schon leuchten und den Weg zeigen", sagte der Mond. „Ohne mich könntest du dich leicht verirren, denn ich zum Beispiel bestehe ganz und gar

aus lauter gläsernen Bergen. Aber nimm die Hühnerknöchelchen alle mit."

Das tat die Prinzessin, aber in der Eile vergaß sie doch ein
Knöchlein.

Bald stand sie an dem gläsernen Berge. Der war ganz glatt
und glitschig, da konnte niemand hinaufsteigen. Die Königstochter aber nahm alle Hühnerknöchlein von der Wald-
mutter, von dem Wind, von der Sonne und von dem
Monde, und machte sich daraus eine Leiter. Die wurde sehr
lang, aber zuletzt fehlte noch eine einzige Sprosse, noch
ein Glied. Da schnitt sich die Prinzessin das oberste Gelenk
von ihrem kleinen Finger ab, und so konnte sie nun den
Gipfel des gläsernen Berges erklimmen. Dort war eine
große Öffnung, von der führte eine schöne Treppe hinunter
in den Berg. Da war alles voll Glanz und Pracht, und es gab
einen Saal voll mit Hochzeitsgästen, vielen Musikanten und
reichbesetzten Tafeln. Auf einem Sessel saß das schwarze
Männlein und an seiner Seite seine Braut.

Das schwarze Männlein aber schien traurig. Und der
Königstochter tat es weh, daß sie nun zu spät kam, und
daß das schwarze Männlein so traurig sein mußte. Sie
dachte bei sich, ich will ein Lied vom weißen Wolf singen,
vielleicht kennt er mich dann. Sie nahm eine Harfe von der
Wand, spielte darauf und sang:

"Deinen besten Hund, den mag ich nicht,
Mir ist was andres lieb!
Die jüngste Königstochter.

Der weiße Wolf, der lief davon,
Sie weiß nicht wo er blieb;
Die jüngste Königstochter."

Da horchte das schwarze Männlein auf, und die Prinzessin
fuhr fort zu spielen und zu singen:

„Sie ist dem Wolfe nachgereist,
Schnitt ab ihr Fingerglied,
Die jüngste Königstochter.

Nun ist sie da - du kennst sie nicht,
Traurig singt dir dies Lied
Die jüngste Königstochter."

Da sprang das schwarze Männlein von seinem Sitze auf und war plötzlich ein schöner junger Prinz und eilte auf sie zu und schloß sie in die Arme.

Der Prinz war in das alte Männlein und in den weißen Wolf und in den gläsernen Berg hinein verzaubert, so lange, bis eine Prinzessin, um zu ihm zu gelangen, sich dies ein Glied von ihrem kleinen Finger kosten lassen würde. Wenn das aber bis zu einer gewissen Zeit nicht geschähe, so müsse er eine andere freien und ein schwarzes Männlein bleiben, sein ganzes Leben lang.

Nun war der Zauber gelöst, die andere Braut verschwand, der entzauberte Prinz heiratete die Königstochter, reiste darauf mit ihr zu ihrem Vater, der sich herzlich freute, sie wiederzusehen.

Und lebten alle glücklich miteinander bis an ihr Ende. Sollte dies aber nicht erfolgt sein, so ist es einigermaßen wahrscheinlich, daß sie noch heute leben.

Eine unglückliche Liebe

onne und Mond sind Mann und Weib und einst waren sie auch nicht ungetrennt, sondern lebten in Harmonie und Eintracht zusammen.

Aber mit der Zeit kümmerte sich der Mond um seine Dinge und seine Frau, die hitzige Sonne, schalt ihn kalt und unnahbar in der Nacht.

Sie schlug ihm eine Wette vor, die sie im Zorn aussprach und mit einem heiligen Eid beschwor: Derjenige, welcher als erster erwachen würde, solle das Recht haben bei Tage zu scheinen, dem Langschläfer gehöre die Nacht.

Ihr Mann, der Mond, lachte gutmütig, nahm sie in den Arm, hielt das ganze für einen Scherz und schlief ein.

Die Sonne aber konnte vor lauter Ärger nicht schlafen und so zündete sie schon nachts um zwei der Welt ihr Licht an.

Daraufhin weckte sie den noch im Schlaf lächelnden Mond und verkündete stolz, sie habe die Wette gewonnen, und er werde schon sehen, was er von seiner Schläfrigkeit hätte.

Und weil die Sonne es mit einem heiligen Eid beschworen hatte, leuchtet die Sonne seitdem am Tag und der Mond bei Nacht.

Die Sonne aber bereute bald ihren Schwur, den sie in der Hitze ihres Zorns gesprochen hatte, denn sie liebte ja den Mond, ihren Mann. Und auch dieser fühlte sich einsam auf seinem nächtlichen Weg. Er bereute, so kalt gewesen zu sein, und eine große Sehnsucht befiel ihn.

So groß ist die Sehnsucht der beiden, daß sie manches Mal die Macht des Eides brechen können. Dann finden sie zusammen und auf der Welt herrscht eine Sonnenfinsternis. Weil sie ihre Begegnung aber mit gegenseitigen Vorwürfen beginnen, wer denn nun die Schuld an der Trennung trage, kommt es immer gleich zum Streit. Die Zeit, welche ihnen zur Versöhnung gewährt ist, läuft ab, und die Sonne muß ihrem Eid entsprechend weiter wandern.

Blutrot vor Zorn macht sie sich auf den Weg. Hätten sie nicht gestritten, wären sie vereinigt worden. Bis der Zorn der Sonne sich legt, vergeht wieder geraume Zeit, und erst eine neue Sonnenfinsternis zeigt an, daß die beiden Unglücklichen sich wieder einmal getroffen haben.

Meist ist die Sonne hitzig vor lauter Liebeszorn. Manchmal aber, wenn sie so alleine über den Tageshimmel geht, sieht sie ihr Unrecht ein. Sie denkt an die Geheimnisse, die ihr der Mond mitgeteilt hatte in den langen Nächten. Dann weint sie blutige Tränen und steigt blutrot in die Wellen eines fernen Meeres.

Aber auch der Mond empfindet Trauer und Leid, daß er nicht zu seiner geliebten Sonne kann, um sich mit ihr zu vereinen und in ihrer Hitze zu wachsen.

In Zeiten da er ohne Hoffnung ist, kann er nicht mehr schlafen und nichts mehr essen. So nimmt er ab, bis er zur schmalen Sichel wird und schließlich fast ganz verschwindet.

Doch dann melden sich seine Lebensgeister wieder, er schöpft Hoffnung und wächst wieder zu seiner prachtvollen Gestalt. Wenn er sich dann getäuscht fühlt und merkt, daß er die Sonne nicht erreichen wird, nimmt er wieder ab.

Von seiner unglücklichen Liebe ist er weich und milde gestimmt. Daher klagen ihm und seinem weichen Licht auch die unglücklich Liebenden ihr Leid und können darauf vertrauen, daß er sie versteht.

Sonne, Mond und Wind

Ein zerlumpter Zigeuner begegnete einst auf seinen Wanderungen der Sonne, dem Mond und dem Wind. Als er an ihnen vorüberging, sprach er: „Gott grüße von euch dreien eins!"

Die Gegrüßten lachten über den lustigen Gesellen, wußten aber seinen sonderbaren Gruß nicht zu deuten.

„Es ist klar", fing der sonst schweigsame Mond an, „daß der Zigeuner mich gemeint hat. Mich, der ich sein steter Begleiter bin, wo immer er auch seine flatternde Behausung zur Nachtruhe aufschlägt."

„Pah", fiel hierauf die Sonne ein. „Mich hat er gegrüßt. Mich, die Königin des Tages. Ich nehme seine nackten Kinder in meine warme Hut, unter meiner Sorge wachsen sie heiter und frisch heran."

„Sst, sst", sauste der Wind. „Wozu diese unnützen Reden und dieses Prahlen? Laßt uns schnell dem Gesellen nachgehen und ihn fragen, welchen von uns er mit seinem Gruß gemeint hat."

So sprechend fuhr er schnell dem Zigeuner nach, hinter ihm in stolzem Gang die Sonne, neben welcher der langsame, ernste Mond einherschritt. Der rüstige Wind, der zuerst bei dem Zigeuner ankam, rief diesem zu: „Warte! Du Erdensohn!"

Über diese lauten Worte erschrak der Angerufene, denn beinahe hätte ihm jener den Rock vom Leibe geblasen, an dem freilich ein paar metallene Knöpfe und Klammern mehr wert waren als alles übrige.

„Was ist? Was wollt Ihr von mir, Wind?" fragte der Zigeuner, als er sich von der Überraschung erholt hatte.

„Du sollst uns sagen", hob dieser an, „wen von uns dreien du mit deinem zweideutigen Gruß gemeint hast."

Der Gefragte blickte sich nun um und sah die drei himmlischen Mächte neben sich stehen.

„Ei", sagte er alsdann lachend, „ich grüße immer nur den, welchen ich fürchte." Dabei zog er höflich seine Schaffellmütze vom Kopf.

„He, du undankbarer Taugenichts", rief der erzürnte Mond. „Weißt du nicht, daß ich dich samt deinem Weib und deinem Kindervolk vernichten kann, wenn ich will? Wie ist dir denn, du abgedörrter Heidehund, in einer kalten Winternacht, wenn ich die Wolken am Himmel verteile und mit der Nachtluft die kleinste Spur von Wärme, die der Sonnenschein zurückgelassen hat, aus dem Himmelsraum wische? Wirst du dann an mich denken, wenn dir das Mark in den Knochen gefriert und dein Weib samt ihren Kindern zu Tode erstarrt?"

„Oho, Herr Mond", erwiderte hierauf der Zigeuner. „Ihr könnt mir in der Tat das bißchen Leben recht sauer machen, aber gegen das Einfrieren hab ich schon Mittel. Wie ist's denn, wenn ich rechts und links Feuer entfache, mich mit Weib und Kind dazwischensetze und dann vorn und hinten ein paar Zeltstücke aufhänge? Dann hab ich Euch durchaus nicht zu fürchten. Ist mir aber der Wind nicht gut, so helfen mir auch meine Feuer und Zeltlappen nichts. Er bläst mir das Feuer zur Seite, den Rauch ins Gesicht und die Wärme durch die flatternden Zeltlappen hinaus."

Ärgerlich mußte der Mond schweigen, da er nichts weiter vorzubringen hatte. Im Vorgefühl ihres Sieges über die beiden andern begann hierauf die Sonne: „Nicht wahr, mein guter Sohn, du weißt recht wohl, wen du zu fürchten und zu lieben hast? Du kennst meine belebenden Strahlen und ihre verzehrende Glut. Ich dachte wohl, daß du mir den kalten, bleichsüchtigen Mond nicht vorziehen würdest."

„Mag sein, mag sein", erwiderte hierauf der Zigeuner. „Ich kenne zwar Euer freundliches Antlitz recht gut, habe mich auch schon oft daran erfreut, fürchte aber seinen Zorn nicht besonders, drum galt Euch mein Gruß nicht."

Über diese Geringschätzung nicht weniger aufgebracht als kurz vorher der Mond, begann die Sonne den Zigeuner auszuschelten, indem sie rief: „Du Undankbarer! Weißt du nicht, daß ich dich mit meiner Glut verderben könnte, wenn ich wollte? Daß ich dich, wenn ich es der Mühe für wert hielte, samt deinen armseligen Würmern rösten könnte, wie es die Hölle selbst nicht vermöchte? Schau auf deine verbrannte Fellmütze, und du siehst, daß meine Glut schon Proben darauf abgelegt hat."

„Ei, ei, Frau Sonne", sagte spottend der Zigeuner. „Was macht Euch so hitzig? Ist es denn nicht klar, daß der Wind viel mächtiger ist und daß ich ihn deshalb mehr fürchten muß? Seht, Frau Sonne, wenn Ihr auch noch so heiß brennt, so darf ich ja nur den Wind bitten, daß er mir ein wenig helfe, und er macht mir im Augenblick die Luft kühl, wie sehr Ihr auch Eure Kraft verschwendet. Es ist also wohl klar, wenn mir der Wind helfen will, so könnt Ihr sowenig wie der Mond mir etwas anhaben. Darum hört auf zu streiten! Mächtig seid ihr alle. Aber ich habe nur den Stärksten von euch gegrüßt, damit er mir beistehe und mich verschone: den Wind. Denn mit ihm ist keine Hitze furchtbar, und ohne ihn keine Kälte."

Das heimliche Gericht

In Schloß Wasserberg in Gaal in der Steiermark wurde einst heimlich Gericht gehalten. An jedem siebenten Vollmond kamen hier die Ritter aus der Umgebung zusammen, setzten sich mitten im Schloßhof auf Steinsitze und hielten Gericht über Verbrecher, die man weit und breit in der Gegend gefangen und in den Schloßturm geworfen hatte.

Alle Ritter waren schwarz gekleidet und trugen Larven vor dem Gesicht, damit sie niemand erkenne. Der erste unter ihnen soll ein vornehmer Herr aus Seckau gewesen sein. Die Verbrecher wurden einzeln vorgeführt und einvernommen, dann aber ohne Gnade und Barmherzigkeit mit der ‚Eisernen Jungfrau' hingerichtet. Den Bewohnern der Umgebung fiel auf, daß zuweilen um Mitternacht, wenn der Vollmond hoch am Himmel stand, eine schwarze Kutsche auf der Straße dahergerollt kam und Schlag zwölf in das Schloß einfuhr, wo schwarze Gestalten mit Fackeln in den Händen die Gefangenen in Empfang nahmen. Auf dem Kutschbock saß eine schwarze Gestalt, hinten saßen zwei Vermummte.

Viele Leute haben zu der Zeit den Wagen in das Schloß einfahren, niemals aber herauskommen sehen. Wenn Bösewichte schon mehr als genug Greueltaten auf dem Gewissen hatten, aber von der Gerechtigkeit nicht angegriffen werden konnten, soll sie der Teufel selber dem heimlichen Gericht zu Wasserberg übergeben haben, um alsbald die Seelen der Hingerichteten mitzunehmen.

Der Mann
im Mond

Ein großer Dieb ging immer bei Nacht auf's Stehlen aus. Einmal kam er an ein Haus, fand dort aber nichts anderes zu stehlen, als zwei Wassereimer. Da es sonst nichts zu holen gab, nahm er die beiden Eimer und ging seines Weges.

Als er auf die Straße gekommen war und nach Hause eilte, kam es ihm vor, als gehe ein Mann hinter ihm her. Er fing an zu laufen, aber der Mann hinter ihm lief eben so schnell wie er.

Als der Dieb aber merkte, daß ihn der Mann nicht einholte, wagte er es, sich umzuschauen und erkannte, daß der Verfolger sein eigener Schatten war. Da wurde der Dieb auf den Mond, der gerade voll und prall am Himmel stand, recht zornig, und sagte: „Wart, verfluchter Mond, das sollst du mir büßen!"

Er ging zu einem Brunnen, füllte die Eimer mit Wasser und schüttete es gegen den Mond hinauf. Aber in dem selben Augenblick flog er mit beiden Eimern in den Mond und dort kann man ihn auch heute noch in klaren Vollmondnächten sehen.

Das Besenmännle

Im vorderen Schwarzwald, in der Umgebung von Calw und Liebenzell, erzählen sich die Leute, daß die dunklen Flecken, welche man im Vollmond sieht, von einem Manne herrühren, der in den Mond verwünscht wurde. Dieser Mann stahl am Sonntage, wo er meinte, daß die Jäger und Forstleute nicht im Walde sein würden, einen Büschel Besenreiser und trug es auf dem Rücken heim.

Da begegnete ihm aber im Wald ein Mann, und das war der liebe Gott; der stellte ihn zur Rede, daß er den Sonntag nicht heilig halte, und sagte zugleich, daß er ihn dafür bestrafen müsse, fügte jedoch hinzu, daß er die Strafe sich selbst auswählen dürfe: ob er entweder in den Mond, oder lieber in die Sonne verwünscht sein wolle.

Darauf versetzte der Dieb: „Wenn es denn sein muß, so will ich lieber im Monde erfrieren, als in der Sonne verbrennen," und so ist er mit seinem Bündel Besenreiser auf dem Rücken in den Mond gekommen, was man noch deutlich erkennt, wenn man genau hinsieht. Man nennt diesen Mann gewöhnlich das ‚Besenmännle'.

Einige erzählen auch: Damit das Besenmännle im Mond nicht erfrieren könne, habe ihm der liebe Gott das Holzbüschele auf dem Rücken angezündet, und das brenne jetzt noch immerfort und werde nicht erlöschen.

Das
Borstenkind

Eine Königin saß vor ihrem Palast unter einer großen Linde und schälte sich einen Apfel. Ihr dreijähriger Sohn spielte in der Nähe und hätte auch gern ein Stückchen von dem Apfel gehabt. Weil ihm aber seine Mutter nichts geben wollte, hob er die Schalen auf und aß sie. Als die Königin dies sah, vergaß sie sich und rief im Ärger: „Ei, daß du ein Schweinchen wärst!"
Siehe, da war der Königsknabe plötzlich ein Schweinchen und quiekte und lief hinaus zur Herde.
Nun lebten an dem Saum des Waldes zwei Leutchen, die hatten keine Kinder, und das schmerzte sie sehr. Sie saßen gerade vor dem Haus, als am Abend die Schweine heimkehrten. Da sprach die Frau zu ihrem Mann: „Wenn uns Gott doch ein Kind bescherte und wäre es auch so rauh und borstig wie ein Schwein."
Siehe, da kam aus der Herde ein junges Schweinchen herangelaufen und schmeichelte und streichelte sich an die Alten und wollte nicht von ihnen, so daß sie sahen, ihr Wunsch war erfüllt. Nun nahmen sie es zu sich in die Stube wie ihr Kind, pflegten es fein, gaben ihm Semmeln und Milch zu essen und machten ihm auch ein weiches Bett. Frühmorgens, wenn der Hirte die Herde trieb und das Horn ertönte, konnte das Schweinchen es daheim nicht aushalten, und man ließ es hinaus und es lief mit. Abends kehrte es immer wieder heim, dann liebkoste es der Mann und die Frau, und es grunzte vor Freude. Aber was merkwürdig war, es konnte auch sprechen

wie ein ordentlicher Mensch. Es wuchs sehr langsam, und erst nach siebzehn Jahren war es ein großes Eberschwein.

Da geschah es, daß eines Abends die beiden Eheleute miteinander sprachen, der König habe ausgeschrieben, er wolle seine einzige Tochter nur dem zum Weibe geben, der drei Aufgaben lösen könne, aber noch habe kein Königssohn dies vermocht.

Siehe, da richtete sich ihr Borstenkind pfeilgerade empor und sprach: „Vater, führt mich zum König und verlangt für mich seine Tochter."

Der Mann erschrak über diese Kühnheit so sehr, daß ihm der Atem stockte. „Wo denkst du hin, mein Sohn, was würde der König tun, wenn ich es wagte, so ein Verlangen zu stellen."

Doch das Borstenkind ließ nicht ab und schrie und grunzte dem Manne tagtäglich in die Ohren: „Vater, geht zum König, ich kann das nicht länger aushalten, geht nur, es wir euch nichts geschehen."

Endlich gab der Mann nach, nahm Abschied von seiner Frau und wanderte der Königsstadt zu. Sie kamen ans Schloß. Es wurde die Tür geöffnet, das Schwein aber wollte man nicht hineinlassen. Doch drängte sich dies durch alle Wachen hindurch bis in das Vorzimmer des Königs. Hier blieb es zurück.

Der Mann trat zitternd vor den König und bat für seinen Sohn um die Hand der Prinzessin.

„So bringt ihn herein, daß ich ihn sehe!"

Als nun der Bauer die Tür öffnete, stürzte der Eber mit einem „Roh, roh!" hinein.

„Was ist das?" schrie der König wütend, „ist das dein Sohn?"

„Ja" stammelte der Mann.

„Wie kannst du dich unterstehen, mit dem garstigen Tier zu mir zu kommen?" Da rief er seine Diener und ließ den Mann samt dem Schwein in den tiefsten Kerker werfen.

Nun klagte und jammerte der alte Mann und sprach zu seinem Borstensohn: „Siehst du es jetzt, wohin du mich gebracht hast?"

„Lasset es nur gut sein, es wird schon anders werden."

Am andern Tag sollte der Alte aufgehängt und das Schwein gestochen werden. Da bedachte sich der König und sprach: „Wohlan, ich will Gnade ergehen lassen. Wenn dein Sohn, ob er nun auch ein garstiges Borstenschwein ist, die drei Aufgaben lösen kann, so soll er meine Tochter zur Gemahlin bekommen, und ich will dich dazu noch mit reichen Geschenken entlassen. Löst er sie nicht, so hat dein und sein Leben ein Ende."

„Jetzt haben wir gewonnen", sprach das Borstenvieh zu seinem Vater und tröstete ihn.

Abends ließ der König sagen, daß das Schloß, in dem er wohnt aus purem Silber sein solle. Da hörte man es in der Nacht nur einige Male knarren und krachen, dann ward es still. Als der König am Morgen erwachte und die Sonne durchs Fenster schien, blendete ihn das Licht so sehr, daß er die Augen schließen mußte; er stand auf und sah, daß alles aus Silber war.

„Das ist gelungen, aber die zweite Aufgabe wird er nicht lösen."

Abends ließ der König verkünden, daß bis zum nächsten Morgen, seinem Schloß gegenüber sieben Meilen weit, ein ebenso großes Schloß aus purem Gold gebaut sein solle. Man hörte es in der Nacht wieder nur einige Male krachen und brausen, und es ward still. Als am Morgen der König erwachte, strahlte ein so reicher Glanz auf ihn durch die Fenster, daß er fast erblindete. Er sprang aus dem Bett und so wie sich seine Augen ein wenige gewöhnt hatten, sah er auf einmal in der Ferne das golden Schloß.

„Ha, auch das ist gelungen", rief der König und staunte nicht wenig. „Die dritte Aufgabe kann er mir dennoch unmöglich lösen."

Abends ließ der König sagen, daß bis zum nächsten Morgen von dem einen Schloß bis zum anderen eine Brücke aus lauter Diamantenkristall gebaut sein solle, so daß der König gleich darauf spazieren könne. Man hörte es wieder in der Nacht einige Mal klirren und klappern, dann ward es still. Es war aber noch nicht Tag, als der König erwachte. Es schien so hell durch die Fenster, als stehe die Sonne schon lange am Himmel. Er sprang aus dem Bett und sah neugierig hinaus. Da konnte er sich vor Erstaunen nicht fassen, als er sah, daß aller Glanz von der wundervollen Brücke kam, denn die Sonne war noch nicht aufgegangen.

Er ließ nun seine Tochter rufen und sprach: „Du siehst, die drei Aufgaben sind gelöst. Du mußt nun das Weib dessen werden, der sie gelöst hat."

„Ja, mein Vater", sprach die Königstochter, „das will ich auch gerne tun, da Ihr es gelobt habt."

Doch die Königin war untröstlich und sprach: „Was? Soll meine Tochter einen wilden Eber zum Gemahl haben und von spitzen Borsten zerstochen werden?"

„Das läßt sich nun nicht mehr ändern", sprach der König. „Ich habe ihm mein Wort gegeben."

Er ließ alsbald den Mann mit seinem Sohn aus dem Gefängnis holen, und die Hochzeit wurde gefeiert. Dann zog der Alte reich beschenkt nach Hause.

Als am Abend die Königstochter in das Schlafzimmer ging, zitterte und zagte sie. Und ihre Mutter weinte immerfort und nahm zuletzt Abschied, als sähe sie ihre Tochter zum letzten Mal lebendig.

Als das Brautpaar alleine war, warf der Eber plötzlich sein rauhes Kleid ab, und es lag neben der Königstochter ein Jüngling von wunderschöner Gestalt und mit goldenen Haaren. Die Königstochter verlor alsbald alle Furcht aus ihrem Herzen. Da erzählte ihr der Jüngling, er sei ein verwünschter Königssohn, er werde aber bald ganz erlöst sein, nur solle sie Geduld haben und schweigen.

Am frühen Morgen, als es kaum dämmerte, ertönte das Horn des Hirten. Der Jüngling sprang auf, warf sein Borstenkleid über und lief grunzend zur Herde.

Die alte Königin hatte die Nacht nicht geschlafen. Sie kam ganz früh, um zu sehen, ob ihre Tochter noch lebe. Weil aber alle Türen offen standen, ging sie immer näher und näher, bis sie ihre Tochter allein im Bett erblickte. Sie schlief noch. Allein ihr Gesicht war so verklärt, als habe sie einen lieblichen Traum.

„Lebst du, mein Kind?" rief endlich die Königin. Da erwachte die Tochter und war munter und fröhlich.

Die Mutter hätte nun gerne alles gewußt. Allein sie konnte der Tochter lange nichts entlocken. Zuletzt sagte diese doch ganz leise und im Vertrauen: „Mutter, mein Gemahl ist kein Eberschwein, sondern ein wunderschöner Königssohn mit goldenen Haaren. Das Borstenkleid legt er ab, wenn er ins Bett kommt."

Die Mutter war neugierig und paßte in der kommenden Nacht auf und sah durch die Mauerritze ins Schlafzimmer. Da überzeugte sie sich, daß ihre Tochter die Wahrheit gesprochen hatte. Als das Horn des Hirten am frühen Morgen wieder ertönte und der Gemahl der Königstochter sein Borstenkleid umwarf und zur Herde eilte, da kam die Königin mit frohem Gesicht sogleich zu ihrer Tochter und sprach: „Warte nur, du sollst bald immerfort, auch am Tage, deinen Mann in seiner Schönheit sehen. Wenn er heute am Abend heimkehrt und im Bett schläft, lasse ich den Ofen heizen und das Borstenkleid hineinwerfen, dann muß er so bleiben, wie er ist."

Der Königstochter pochte das Herz vor Freude und Angst, sie wollte und wollte nicht und dachte an das Verbot ihres Gemahls. Allein Ihre Mutter redete ihr soviel zu, daß sie sich beruhigte. Nun geschah es, daß in der Nacht, als der Gemahl der Königstochter schlief, ihm das Borstenkleid heimlich fortgenommen und im Ofen verbrannt wurde.

Als am anderen Morgen das Horn des Hirten wieder ertönte, sprang er auf, suchte sein Kleid, aber vergebens. Endlich merkte er, was vorgegangen war.

Da ward er auf einmal sehr traurig und brach in schmerzli-
che Klagen aus: „Wehe! Du hast nicht geschwiegen, meine
Erlösung hast du vereitelt. Jetzt bin ich verwünscht, weit
weg zum Ende aller Welten, und keine sterbliche Seele
kann dahin gelangen, um mich zu retten."

Damit ging er hinaus und war auf einmal verschwunden.

Nun aber fing die Königstochter an zu jammern und zu klagen, daß es einen Stein hätte erbarmen müssen, und das
ganze Schloß war bald auf, und ihre Mutter lief zu ihr hin
und fragte: „Was fehlt dir denn, liebes Kind?"

„Oh Mutter, Mutter wie habt Ihr so schlecht getan? Mein
Liebster ist nun verwünscht zum Ende aller Welten, und
keine Seele kann ihn erretten."

Sie war auf keine Weise zu trösten, was man ihr immer
sagen mochte. Nach einigen Tagen sprach sie: „Vater und
Mutter, lebt wohl. Ich kann nicht länger hierbleiben. Ich
muß hingehen zum Ende aller Welten und meinen Liebsten
suchen."

„Oh, mein Kind", sagte der Vater. „Das Ende aller Welt ist
gar weit, bis dahin kannst du nie und nimmer gelangen."

„Ich muß hin, Vater. Ich kann es hier nicht aushalten."

Da gab man ihr sieben Kleider und sieben Paar Schuhe
und einen Sack Bot mit auf den Weg, und als der Abschied
gekommen, ging sie fort ohne zu ruhen und zu rasten,
denn sie wollte keinen Augenblick verlieren. Endlich sah
sie die Wohnungen der Menschen nicht mehr. Da ging sie
noch schneller, denn sie dachte, das Ende der Welt müsse
nun bald da sein. Aber es zeigte sich noch lange nicht.
Endlich erblickte sie in weiter, weiter Ferne ein einsames
Häuschen. Sie eilte so schnell sie nur konnte darauf zu,
und als sie es erreicht hatte, kehrte sie ein. Es wohnte aber
der Wind darin.

Sie fragte in bittendem Ton, ob es noch weit sei bis zum Ende der Welt.

Der Wind sah gleich, daß es eine Unglückliche war, und sprach: „Oh, mein gutes Kind, das kann ich dir nicht sagen. Aber schwing dich hier auf mein Flügelroß und reite zum Mond. Vielleicht kann er dir Auskunft geben, denn er weiß sehr viel von dem, was verborgen ist. Wenn du dort bist, so springe nur ab, mein Roß kommt schon allein zurück. Aber siehe, ich schenke dir ein Mäuschen, vielleicht kannst du es einmal brauchen."

Die Königstochter dankte dafür, setzte sich auf das Roß des Windes und flog fort zum Mond.

Als dieser von weitem die traurige Gestalt kommen sah, erbarmte er sich und dachte gleich: „Die drückt ein Unglück", und kam ihr freundlich entgegen.

Sie sprang ab, und sogleich lief das Roß des Windes zurück. Sie trug nun ihre Bitte vor, aber der Mond wußte auch keine rechte Antwort, denn in dieser Nacht war er nicht unterwegs gewesen. Es war seine Ruhenacht.

„Besteige", sagte er, „mein Roß und reite zur Sonne, die wird gewiß das Ende der Welt kennen, da sie sehr weit gereist ist. Ich schenke dir aber hier eine silberne Nuß, verwahre sie wohl, sie wird dir einmal gute Dienste tun."

Die Königstochter dankte, setzte sich auf das Roß des Mondes und flog zur Sonne. Es war schon Abend, als sie hingelangte, und die Sonne war von ihrer Tagesarbeit eben nach Hause gekommen. Die Königstochter grüßte wie eine Unglückliche und sprach: „Liebe Sonne, kannst du mir nicht sagen, wo und wie weit noch das Ende der Welt ist?"

Da sah die Sonne gleich, daß die Fremde ein schwerer Kummer drückte und sprach mitleidig: „Oh, mein armes Kind, das weiß ich wohl, aber das ist sehr weit. Wenn du bis morgen warten kannst, so will ich dich hinführen."

Doch die Königstochter bat so flehentlich und sprach, sie dürfe keinen Augenblick ruhen, bis sie hinkomme.

Da sagte die Sonne: „Wenn das so ist, so will ich dir meinen Wagen und meine Rosse geben. Fahre nur hier auf dem Wege der Nacht fort, und meine Kinder, die Sterne, werden dir den rechten Weg zeigen. Wenn du beim Abendstern bist, so hast du nicht mehr weit zum Ziel, springe dann nur ab. Meine Rosse kommen mit dem Wagen schon zurück. Siehe, ich schenke dir eine golden Nuß, vielleicht kannst du sie einmal brauchen."

Die Königstochter dankte freundlich der milden Frau, setzte sich in den Sonnenwagen und fuhr den Himmel entlang. Sie kam zuerst zum Morgenstern. Der kam gleich dienstfertig heran und zeigte der Königstochter den rechten Weg, und nun kam sie zu allen Sternen, die wir am Himmel sehen, und jeder war willig und behilflich. Endlich gelangte sie zum Abendstern, der wohnte in einem einsamen Häuschen am Meer. Er war eben eingeschlafen und wunderte sich nicht wenig, als er den glänzenden Sonnenwagen sah, der doch vor kurzem dagewesen. Sogleich sprang er aus dem Bett und ging hinaus. Da stieg die Königstochter aus dem Wagen, und alsbald flogen die Sonnenrosse auf dem Weg der Nacht zurück, damit die Sonne am Morgen ihre Fahrt zur rechten Zeit antreten könne.

Nun erzählte die Königstochter dem Abendstern ihre ganze Geschichte, und dieser sprach: „Harre nur aus, bald bist du am Ziel. Siehst du dort in der Ferne die Insel? Da weilt dein Gemahl, und gerade morgen soll er mit der Tochter des Königs von Weltende Hochzeit halten. Ich führe dich jetzt gleich hinüber.

Stelle dich dann als Bettlerin vor den Königspalast. Du bist es ja auch in Wahrheit, denn von der weiten Reise sind deine Schuhe und Kleider abgerissen. Wenn dann am Morgen der Zug in die Kirche geht, so öffne nur die Nuß, die dir der Mond gegeben. Da findest du ein silbernes Kleid, lege es an und gehe mit zur Kirche. Das übrige wird sich von selbst ergeben."

Nun schenkte der Abendstern der Königstochter eine sternenbefleckte Nuß und führte sie auf seinem goldenen Kahn hinüber, und sie stellte sich in ihren zerrissenen Kleidern an die Pforte der Königsburg

Als nun die junge Frau in vollem Schmuck zur Kirche ging und die Arme erblickte, rief sie zornig: „Jagt mir die zerlumpte Bettlerin fort!"

Diese lief auf die Seite, nahm schnell ihre silberne Nuß hervor, die sie vom Mond erhalten hatte, öffnete sie, und alsbald erhob sich daraus ein wunderschönes silberfarbenes Kleid. Sie zog es eiligst an und ging zur Kirche.

Als die Leute den wunderbaren Schimmer sahen, da glaubten sie, der Mond in seinem vollen Glanze sei in die Kirche gekommen, und alles blickte auf die Fremde im Silberkleid.

Die Braut stand eben vor dem Altar neben ihrem Bräutigam und sah auch das wundervolle Kleid. Da rief sie ihrem Bräutigam zu: „Nein! Bis ich nicht ein solches Kleid habe, will ich nicht dein Weib werden!"

Sie ging vom Altar weg und nach Hause. Die Fremde in ihrem Silberkleid war aber zuerst aus der Kirche hinausgegangen, hatte schnell ihr Kleid abgelegt und sich wieder in Lumpen gehüllt. Nun fragte man sogleich im ganzen Königreich nach, aber ein solches Kleid war nirgends zu finden.

Da ließ die Bettlerin der Königstochter sagen, wenn sie ihr erlaube eine Nacht im Schlafgemach ihres Bräutigams zu wachen, so wollte sie ihr das Kleid verschaffen. Die Königstochter bewilligte das gern. Sie ließ aber ihrem Bräutigam die Ohren verstopfen und einen Schlaftrunk geben.

In der Nacht kniete nun die Bettlerin an der Lagerstatt ihres Gemahls und erzählte ihm wehklagend ihre Mühen und Leiden: „Siehe, ich bin dir gefolgt bis ans Ende aller Welten, sieben Kleider und sieben Paar Schuhe habe ich zerrissen, so höre mich und erbarme dich meiner Not um des Kindes willen, das ich unter dem Herzen trage."

Aber der Königssohn schlief einen eisernen Schlaf und seine Ohren waren verstopft.

Am folgenden Tag, als die Königsbraut das silberne Kleid angetan hatte, war sie fröhlich und nun ging sie wieder zur Kirche, um sich trauen zu lassen. Da nahm die Bettlerin ihre goldene Nuß hervor, und darin lag ein Kleid aus lauter Gold. Sie legte es an und ging auch zur Kirche. Eben sollte über das Paar der Segen gesprochen werden, da sah die Frau die Fremde im goldenen Kleide. Sogleich rief sie: „Nein, bis ich nicht ein solches Kleid habe, kann ich nicht dein Weib werden", und ging aus der Kirche wieder eilends nach Hause.

Die Fremde war wieder zuerst hinaus gegangen, hatte sogleich ihr goldenes Kleid in die Nußschale gelegt und sich in Lumpen gehüllt. Man fragte im ganzen Reich vergeblich nach einem solchen Kleide.

Da ließ die Bettlerin der Königsbraut sagen, wenn sie ihr erlaube, wieder eine Nacht im Schlafzimmer ihres Bräutigams zu wachen, so wolle sie ihr das Kleid verschaffen. Die Königstochter willigte ein, ließ jedoch abermals ihrem Bräutigam die Ohren verstopfen und einen Schlaftrunk reichen. Wieder kniete die Unglückliche am Lager ihres Gemahls und klagte. Es war jedoch alles umsonst, er schlief fest und hörte nichts.

Den folgenden Tag ging es wieder zur Kirche. Die Braut hatte das goldene Kleid angelegt, und Schöneres konnte man sich nicht denken. Die Bettlerin nahm jetzt ihre steinenbefleckte Nuß vom Abendstern hervor, und daraus zog sie ein Kleid, darauf war der ganze Sternenhimmel der Nacht zu sehen. Als sie in die Kirche trat, sprach eben der Geistliche den Segen.

Kaum hatte die Braut aber die Fremde im Sternenkleid erblickt, so rief sie dem Priester zu: „Halt, bis ich nicht ein solches Kleid habe, will ich nicht das Weib dieses Mannes werden."

Sie eilte nach Hause, und man fragte im ganzen Reich nach einem solchen Kleid. Das war aber noch weniger zu finden als das goldenen und das silberne.

Da ließ die Bettlerin der Königstochter wieder sagen, wenn man ihr erlaube, die Nacht im Schlafgemach des Bräutigams zuzubringen, so würde sie es ihr verschaffen. Die Braut war damit zufrieden, sie ließ aber ihrem Bräutigam auch diesmal die Ohren wohl verstopfen und ihm einen Schlaftrunk reichen.

Als nun in dieser Nacht die Arme zum drittenmal vor dem Bett ihres Gemahls kniete, fing sie bitter an zu weinen und zu klagen: „Ach, er wird wieder schlafen und nichts hören, und nun habe ich nichts mehr, das mich zu ihm führen kann." Da nahm sie das Mäuschen aus ihrem Busen und sprach: „Liebes Mäuschen, kannst du mir nicht helfen?"

Das Mäuschen sprang sogleich auf das Bett, kroch dem Schlafenden in die Ohren und nagte die Stöpsel durch. Aber der Jüngling schlief noch fest, denn der Schlaftrunk tat seine Wirkung. Da biß das Mäuschen ihm in die Ohren, so daß das Blut rann. Endlich schlug er die Augen auf und rief: „Oh weh, was ist das?" Zugleich sah er die unglückliche Gestalt vor seinem Bette.

Sie sprach: „Liebster Gemahl, wachst du endlich? Siehe, das ist die dritte Nacht, daß ich bei dir war", und sie erzählte ihm die ganze Geschichte: „Ich bin dir gefolgt bis zum Ende aller Welten, sieben Kleider und sieben Paar Schuhe habe ich zerrissen, erbarme dich doch in meiner Not um des Kindes willen, das ich unter dem Herzen trage."

Da fiel der Gemahl ihr um den Hals und rief: „Oh, meine Liebste, so war es keine Traumbild, das mir die beiden vergangenen Nächte während des Schlafs vorschwebte. Du bist es selbst, die ich so lange vermißt habe. Nun bin ich durch deine Treue vollends erlöst. Fahre wohl, du stolze Königstochter vom Weltende, dich brauche ich nicht. Ich habe mein treues, geliebtes Weib wieder."

Darauf machten sie sich auf der Stelle fort und flohen aus der Königsburg ans Meer. Da war eben der Abendstern mit seinem Kahn und hatte einen Weltpilger herüber geschifft. Er nahm die beiden freundlich auf und führte sie hinüber. Es wurde gerade Tag, und die Sonne trat auf der anderen Seite der Welt ihre Arbeit an.

Da sprach der Abendstern: „Bleibt in meiner Hütte den heißen Tage über. Wenn die Sonne abends mit ihrem Wagen kommt, so wird sie euch dann mitnehmen."

Das taten sie auch.

Als aber am anderen Morgen die Königstochter drüben auf der Insel das prachtvolle Sternenkleid angelegt hatte und zur Kirche gehen wollte, fand man ihren Bräutigam nicht. Man sagte ihr aber, in der Nacht sei ein Jüngling mit einer Bettlerin zum Meer geflohen, und beide seien vom Abendstern im Kahne hinüber geschifft worden.

„Ha, die verwünschte Bettlerin und der falsche Abendstern!" Die Königstochter tobte und wütete noch lange fort, allein es half das alles nichts, denn über das Meer hinaus hatte sei keine Macht.

Während aber die beiden Flüchtenden in der Hütte des Abendsterns verweilten, ging gerade das Jahr zu Ende seit ihrer Hochzeit, und die junge Frau gebar einen wunderschönen Knaben. Der hatte ein Antlitz silberweiß wie der Mond, Locken von Gold wie die Sonne und Augen wie der Morgen- und Abendstern. Als die Sonne am Abend anlangte, hatte sie große Freude über das glückliche Paar und das schöne Kind. Sie nahm sie willig in ihren Wagen auf und fuhr auf dem Wege der Nacht schnell zu ihrer Wohnung, wo sie am späten Abend anlangte.

Hier war schon der Mond, der Aufträge von der Sonne erwartete. Er freute sich auch, als er die Glücklichen sah. Die Sonne befahl ihm, er solle die guten Leute bis zu seiner Wohnung mitnehmen und dann dem Winde auftragen, sie bis zu den Wohnungen der Menschen zu begleiten. Der

Mond nahm sie alsbald auf sein Roß und ritt heim. Da war auch schon der Wind und freute sich über alle Maßen, als er die Königstochter wiedersah und ihren Gemahl und das schöne Kind und insbesondere, als er hörte, daß sein Mäuschen so gute Dienste getan. Der Mond sagte ihm, was er zu tun habe, und der Wind nahm die Glücklichen auf sein Roß und führte sie in einem fort, bis in die Nähe der Menschenwohnungen. Da setzte er sie nieder, nahm herzlich Abschied und ritt heim.

Sie aber wanderten jetzt zu Fuß und trugen ihr Kind abwechselnd auf den Armen und waren glücklich. Endlich gelangten sie in das Königreich, wo der Vater der Königstochter herrschte. Es ist nicht zu beschreiben, welch ein großer Jubel im ganzen Land entstand und wie alle Wege mit Blumen bestreut und alle Tore festlich geschmückt waren, als sie einzogen. Der alte König gab bald die Krone seinem Schwiegersohn, und dieser lebte mit seiner Gemahlin noch lange glücklich und zufrieden.

Literaturverzeichnis:

* Die Geliebten des Mondes: Nach mündlicher Erzählung von S. Früh (neu erzählt von Roland Kübler)
* Der Mond und seine Mutter: Märchen der Brüder Grimm, Urfassung nach der Originalhandschrift der Abtei Ölenberg im Elsass, Heidelberg 1927
* Wie die Teufel den Mond schwärzten: Jannsen H., Märchen und Sagen des estnischen Volkes, Riga und Leipzig 1888
* Wie der Mond an den Himmel kam: Brüder Grimm, Kinder und Hausmärchen, Ausgabe letzter Hand, Göttingen 1857
* Der Königssohn und die Mondprinzessin: Wolff, K.F., Dolomitensagen, Bozen 1913
* Bazin: aus: „Revue des traditions populaires, 1890, übersetzt von Marlies Hörger
* Die Bremer wollen den Mond fangen: Plunk, H-F., Märchen von Liebe, Heimweh und mancherlei Schelmen, Hamburg o.J.
* Das Schloß am Abgrund: Wolff, K.F., Dolomitensagen, Bozen 1913
* Der Schneider im Mond: Aurbacher, L., Ein Volksbüchlein 1. Teil, Leipzig o.J. (Archiv des Schillermuseums Marbach)
* Der schwäbische Sonn- und Mondfang: Aurbacher, L., ebenda
* Die im Mondschein badenden Jungfrauen: Kreutzwald, F., Estnische Märchen, Halle 1869
* Der Ursprung des Altweibersommers: Lukas, J., Spinnstubengeschichten, Arbon, 1935
* Im Mondschein soll man nicht arbeiten: Meier, E., Deutsche Sagen, Sitten und Gebräuche aus Schwaben, Stuttgart 1852
* Der tote Reiter im Mondschein: Vernaleken, Th., Alpensagen, Wien 1858
* Unsichtbar wie der Neumond: Meier, E., ebenda
* Das Wassermännle in der Donau: Nach mündlicher Erzählung aufgezeichnet von S. Früh
* Die Hexen in der Neumondnacht: Nach mündlicher Erzählung aufgezeichnet von S. Früh
* Der gefangene Mond: Handwörterbuch des deutschen Aberglaubens, Berlin und Leipzig 1927-42
* Der Mond auf Zechtour: Nach mündlicher Erzählung aufgezeichnet von S. Früh
* Der Müller und die Nixe: Bechstein, L., Deutsches Märchenbuch, Leipzig 1857
* Klare Mond: Bechstein, L. ebenda
* Der weiße Wolf: Bechstein, L., ebenda
* Eine unglückliche Liebe: Schönwerth, X.v., Sitten und Sagen aus der Oberpfalz, Augsburg 1869 (neu erzählt von Roland Kübler)
* Sonne, Mond und Wind: Arthur und Albert Schott, Märchen aus der Walachei, Stuttgart 1842
* Das heimliche Gericht: Kraiz, J., Mythen und Sagen aus dem steirischen Hochland, Bruck an der Mar 1880
* Der Mann im Mond: Schneller, Chr., Märchen und Sagen aus Wälschtirol, Innsbruck 1867

* Das Besenmännle: Meier, E., ebenda
* Das Borstenkind: Haltrich, J., Deutsche Volksmärchen aus dem
  Sachsenlande, Berlin 1856

* Zu Aberglauben und Brauchtum:
  Handwörterbuch des deutschen Aberglaubens,
  Berlin u. Leipzig, 1927-42
  Meier, E.: Deutsche Sagen, Sitten und Gebräuche aus Schwaben, a.a.O
  Birlinger, A.: Volkstümliches aus Schwaben, Freiburg 1861-62

Zur Autorin:
Sigrid Früh, geb. 1935, studierte Germanistik und Volks-
kunde in Tübingen und Zürich. Sie hält Seminare und Vor-
träge über Märchen, ist Märchenerzählerin in den verschie-
densten Institutionen und eine der bekanntesten Märchen-
forscherinnen Deutschlands.
Zahlreiche Veröffentlichungen in verschiedenen Verlagen.

SIGRID FRÜH

RAUHNÄCHTE

MÄRCHEN, BRAUCHTUM, ABERGLAUBE

100 Seiten · illustriert
ISBN 3-926789-24-7

Die Rauhnächte zwischen Weihnachten und dem sechsten
Januar sind eine Zeit der Wiederkehr der Seelen, der
Wilden Jagd und des Erscheinens von Geistern, die bewirtet
werden müssen oder aber zu vertreiben sind.
Diese Heiligen Nächte sind voller Bedeutung und eignen
sich in besonderer Weise für das Erkennen der Zukunft im
Traum, im Vorzeichen oder durch Orakel.

Sigrid Früh & Roland Kübler

Feuerblume

Märchen von Liebe, Lust und Leidenschaft

Sigrid Früh
Roland Kübler

Feuerblume

Märchen
von Liebe, Lust
und
Leidenschaft

S
Stendel

152 Seiten · illustriert · mit CD
ISBN 3-926789-28-X

Dieses Buch nimmt die Leser mit auf eine Reise, in das grenzen-
lose Land der Liebe, für das es auch heute noch keine Landkarten
gibt. Alte und neue Märchen zeigen den Facettenreichtum der
Liebe voll geheimnisvoller Symbolik.
**Mit der beigelegten CD ist dieses Buch
ein Fest für alle Sinne!**